LE SAFARI

Herausgeber: Polyglott-Redaktion
Bearbeitung: Isolde Schmidt
Deutsches Grundmanuskript: Elisabeth Graf-Riemann
Lektorat: Sabine von Loeffelholz
Art Direction: Illustration & Graphik Forster GmbH, Hamburg
Titeldesign: Hiel. Werbeagentur

Ergänzende Anregungen, für die wir jederzeit dankbar sind,
bitten wir zu richten an:
Polyglott Verlag, Redaktion, Postfach 40 11 20, D-80711 München.
E-Mail: redaktion@polyglott.de oder PolyRed@AOL.com

Einmalige Sonderausgabe

Printed in Germany
Gedruckt auf chlorfrei gebleichtem Papier
ISBN 3-493-61392-X

Polyglott-Sprachführer

Französisch

Polyglott Verlag München

Inhalt

Einführung

Über das Buch

Polyglott-Sprachführer sind perfekte Begleiter, denn sie orientieren sich an realistischen, alltäglichen Situationen von Reisenden, die der fremden Sprache nicht kundig sind.

Die Sätze und Redewendungen, die Ihnen eine rasche und unproblematische Verständigung in Ihrem Reiseland ermöglichen, sind bewußt einfach gehalten. Sie finden keine komplizierten Satzkonstruktionen oder zu lange Wortlisten. Fast alle Sätze sind aus einfachen Textbausteinen zusammengestellt, die Ihnen ein leichtes und schnelles Auswechseln von Satzteilen in verschiedenen Gesprächssituationen ermöglichen.

Die Wortlisten am Ende jedes Hauptkapitels sind themenbezogen und helfen Ihnen, Sätze je nach Bedarf weiter zu variieren. So werden Sie sich mit einem minimalen Wortschatz ohne langes Suchen schnell in der fremden Sprache zurechtfinden. Damit Sie auch verstehen, was andere Ihnen in alltäglichen Kontaktsituationen (beim Arzt, an der Grenze etc.) mitteilen, haben wir häufig wiederkehrende fremdsprachige Redewendungen oder Fragen mit einem * gekennzeichnet.

Eine vereinfachte, am Deutschen orientierte Lautschrift ermöglicht Ihnen die korrekte und verständliche Aussprache der Sprache Ihres Gastlandes. Nachfolgend finden Sie eine kurze Erläuterung dazu, ebenso eine kurze Grammatikübersicht.

Daran anschließend sind in neun Hauptkapiteln Satzbeispiele aus allgemeinen und reisetypischen Bereichen zusammengestellt. Nicht nur im Kapitel *Praktische Hinweise*, sondern über alle Seiten des Sprachführers verteilt finden Sie Tips und Informationen zu den Besonderheiten Ihres Reiselandes wie z. B. spezielle Essenszeiten, Beachtenswertes bei der Benutzung öffentlicher Verkehrsmittel und beim Telefonieren, Hinweise auf die verschiedenen Hotel- und Restaurantkategorien und vieles Interessante und Nützliche mehr.

Ein ausführliches zweisprachiges Wörterbuch Deutsch–Französisch, das Sie als Reisewörterbuch und zugleich als Register benutzen können, steht am Ende des Bandes. Die angegebenen Seitenzahlen führen Sie direkt in den entsprechenden Textteil. Das Wörterbuch Französisch–Deutsch enthält die wichtigsten Wörter und Abkürzungen, denen Sie in Aufschriften, auf Schildern und Hinweistafeln begegnen.

Wir wünschen Ihnen viel Vergnügen auf Ihrer Reise: Bon voyage! [bõ woa**jaseh**] *(Gute Reise!)*

Aussprache

Um Ihnen eine möglichst korrekte und damit auch verständliche Aussprache des Französischen zu ermöglichen, haben wir uns für eine sehr vereinfachte Lautsprache entschieden, die ohne viele Sonderzeichen auskommt. Die Betonung der Wörter können Sie sofort am Fettdruck der entsprechenden Silbe erkennen: repas [rö**pa**] *(Mahlzeit)*; samedi [sam**di**] *(Samstag)*.

Folgende Sonderzeichen in der Lautschrift sind unumgänglich, um den Klang der französischen Sprache zu bewahren:

- **ã** nasaliertes a: quand [kã] *(wann)*; enfant [ã**fã**] *(Kind)*.
- **ẽ** nasaliertes e: un [ẽ] *(ein)*; vin [wẽ] *(Wein)*.
- **õ** nasaliertes o: pardon [par**dõ**] *(Verzeihung)*; compris [kõ**pri**] *(inklusiv)*.

- **ɔ** offenes o wie im deutschen Wort Locke: porte [pɔrt] *(Tür);* loger [lɔ**~~sch~~e**] *(wohnen).*
- **~~sch~~** stimmhaftes sch wie im Wort Journalist: jour [~~sch~~ur] *(Tag);* garage [ga**ra~~sch~~**] *(Garage).*

Die Aussprache der Nasalvokale üben Sie am besten mit folgenden Sätzen:

- **ã** Dans ta tente ta tante t'attend. [dã ta tãt ta tãt ta**tã**] *(In Deinem Zelt erwartet Dich Deine Tante.)*
- **ẽ** Un matin un certain parfum vient du chemin. [ẽ ma**tẽ** ẽ ßär**tẽ** par**fẽ** wjẽ dü schmẽ] *(Eines Morgens kommt ein gewisser Geruch vom Weg daher.)*
- **õ** Les bons garçons blonds mangent des bonbons. [le bõ gar**ßõ** blõ mã~~sch~~ de bõ**bõ**] *(Die guten blonden Jungen essen Bonbons.)*

Ein innerhalb der Lautschrift stehendes **s** sprechen Sie stimmhaft aus: maison [mä**sõ**] *(Haus),* ein innerhalb der Lautschrift stehendes **ß** stimmlos wie im deutschen Wort Sonne: garçon [garßõ] *(Junge).*

Innerhalb der Lautschrift stehende Doppelvokale werden getrennt voneinander gesprochen: pays [p**e**i] *(Land).* Zwei mit ‿ verbundene Wörter sprechen Sie gebunden aus: les enfants [les‿ã**fã**] *(die Kinder).*

Alle übrigen Zeichen der Lautschrift sprechen Sie wie im Deutschen aus.

Hier noch einige Besonderheiten der französischen Aussprache, wenn Sie sich eingehender mit der Sprache beschäftigen und auch Wörter verwenden möchten, die Sie in diesem Sprachführer nicht finden.

- Das **c** wird vor den Vokalen a, o und u als k gesprochen, falls es keine Cédille (Häkchen; ç) hat: cacao [kaka**o**] *(Kakao).*
- **ç** und **c** vor e und i werden als stimmloses s gesprochen: France [frãß] *(Frankreich);* français [frã**ßä**] *(französisch).*
- **ch** wird immer als stimmloses sch gesprochen: chambre [schãbr] *(Zimmer).*
- **g** wird vor a, o und u wie im Deutschen gesprochen: garçon [gar**ßõ**] *(Junge),* vor e und i aber als stimmloses sch: gigot [~~sch~~i**go**] *(Lammkeule).*
- Der Laut **gn** wird wie nj in deutschen Wörtern (z. B. wie in Sonja) gesprochen: champagne [schã**panj**] *(Champagner).*
- Das **h** ist stumm: hôtel [o**täl**] *(Hotel).*
- **j** wird als stimmhaftes sch gesprochen: jardin [~~sch~~ar**dẽ**] *(Garten).*
- **qu** wird wie k gesprochen: quand [kã] *(wann).*
- **y** wird wie i gesprochen: hypermarché [ipärmar**sche**] *(Einkaufszentrum).*
- **z** wird als stimmhaftes s gesprochen: zoo [so] *(Zoo).*

Endkonsonanten werden in der Regel nicht gesprochen: les tapis [le ta**pi**] *(die Teppiche).* Beginnt das nachfolgende Wort mit einem Vokal, so wird der Endkonsonant bei der Bindung hörbar: les enfants [les‿ã**fã**] *(die Kinder).*

Akzent

Die Akzente auf dem e verändern die Aussprache: Ein **é** sprechen Sie als geschlossenes e: café [ka**fe**] *(Kaffee),* ein **è** sprechen Sie offen: mère [mär] *(Mutter).* Die Akzente auf anderen Vokalen sind für die Aussprache unbedeutend.

Betonung

Im Französischen wird im allgemeinen die letzte Silbe eines Wortes betont: repas [rö**pa**] *(Mahlzeit).* Ein Endungs-e ohne Akzent bleibt jedoch unbetont: tante [tãt] *(Tante).*

Das französische Alphabet

Beim Buchstabieren gibt es folgende Unterschiede zum Deutschen :

c	[ße]	u	[ü]
e	[ö]	v	[we]
g	[~~sch~~e]	w	[dubl we]
h	[asch]	y	[i**gräk**]
j	[~~sch~~i]	z	[sät]
q	[kü]		

Kurzgrammatik

Artikel

Im Französischen gibt es nur männliche *(m)* und weibliche *(f)* Hauptwörter, kein Neutrum.

Bestimmter Artikel

Einzahl männl. le jour [lö ~~sch~~ur] *(der Tag)*	Mehrzahl männl. les jours [le ~~sch~~ur] *(die Tage)*
Einzahl weibl. la rue [la rü] *(die Straße)*	Mehrzahl weibl. les rues [le rü] *(die Straßen)*

Unbestimmter Artikel

Einzahl männl. un jour [ẽ ~~sch~~ur] *(ein Tag)*	Mehrzahl männl. des jours [de ~~sch~~ur] *(Tage)*
Einzahl weibl. une rue [ün rü] *(eine Straße)*	Mehrzahl weibl. des rues [de rü] *(Straßen)*

Vor Hauptwörtern, die mit Vokal oder stummem h beginnen, werden männliche wie weibliche bestimmte Artikel apostrophiert:

l'avion *(m)* [la**vjõ**] *(das Flugzeug);* l'heure *(f)* [lör] *(die Stunde).*

Die unbestimmten männlichen Artikel und die Mehrzahlartikel werden mit dem Substantiv verbunden gesprochen:

un avion [ẽn‿av**jõ**] *(das Flugzeug);* les avions [les‿av**jõ**] *(die Flugzeuge);* des heures [des‿ör] *(Stunden).*

Mengenangaben mit de

Hauptwörter und Begriffe, die eine bestimmte Menge ausdrücken, werden mit dem nachfolgenden Hauptwort mit **de** [dö] verbunden: une tasse de café [ün taß dö ka**fe**] *(eine Tasse Kaffee);* beaucoup de pommes [bo**ku** dö pɔm] *(viele Äpfel).*

Substantive

Das Geschlecht der Substantive ist häufig an der Endung erkennbar.

Substantive, die auf **-ment** [mã] und **-eur** [ör] enden, sind in der Regel männlich: le renseignement [lö räßänj**mã**] *(die Auskunft);* le coiffeur [lö koa**för**] *(der Friseur).*

Substantive, die auf **-ion** [jõ] und **-euse** [ös] enden, sind in den meisten Fällen weiblich: la location [la lɔka**ßjõ**] *(die Vermietung);* la dépanneuse [la depa**nös**] *(der Abschleppwagen).*

Mehrzahlbildung

Die meisten Substantive bilden den Plural durch Anhängen eines **-s**, das aber nicht gesprochen wird: le jour [lö ~~sch~~ur] – les jours [le ~~sch~~ur] *(die Tage);* la limonade [la limɔnad] – les limonades [le limɔnad] *(die Limonaden).* Substantive, die auf **-au**, **-eau** oder **-ou** enden, bilden die Pluralform durch Anhängen eines **-x**, das ebenfalls nicht gesprochen wird: le château [lö scha**to**] – les châteaux [le scha**to**] *(die Schlösser).* Substantive, die bereits im Singular auf **-s**, **-z** oder **-x** enden, bleiben unverändert: le tapis [lö ta**pi**] – les tapis [le ta**pi**] *(die Teppiche);* le nez [lö ne] – les nez [le ne] *(die Nasen);* le prix [lö pri] – les prix [le pri] *(die Preise).*

Adjektive

Das Adjektiv wird in Geschlecht und Zahl immer an das Substantiv angeglichen, und zwar auch, wenn es nicht unmittelbar beim Hauptwort steht: un bon repas [ẽ bõ rö**pa**] *(ein gutes Essen);* Le repas est bon. [lö rö**pa** ä bõ] *(Das Essen ist gut).*

Die weibliche Form des Adjektivs wird in der Regel durch Hinzufügen eines

-e an die männliche Form gebildet: le grand garçon [lö grã gar**ßõ**] *(der große Junge)*; la grande maison [la grãd mä**sõ**] *(das große Haus)*. Wegen des der weiblichen Form angehängten **-e** wird nun der davorstehende Konsonant (Mitlaut) hörbar.

Endet die männliche Form auf **-n** oder **-s**, wird dieser Konsonant vor Anhängen des Endungs-**e** verdoppelt: bon [bõ] – bonne [bɔn] *(gut)*; gros [gro] – grosse [groß] *(dick)*.

Mehrzahlbildung

Um die Pluralform der Adjektive zu bilden, wird an das männliche sowie an das weibliche Adjektiv der Einzahl ein **-s** angehängt, das jedoch nicht gesprochen wird: le grand garçon [lö grã gar**ßõ**] – les grands garçons [le grã gar**ßõ**] *(die großen Jungen)*; la grande maison [la grãd mä**sõ**] – les grandes maisons [le grãd mä**sõ**] *(die großen Häuser)*.

Wichtige Ausnahmen:

schön:	Singular:	beau *(m)* [bo] – belle *(f)* [bäl]
	Plural:	beaux *(m)* [bo] belles *(f)* [bäl]
alt:	Singular:	vieux *(m)* [wjö] – vieille *(f)* [wjej]
	Plural:	vieux *(m)* [wjö] – vieilles *(f)* [wjej]

(In den nachfolgenden Kapiteln wird nach dem männlichen Adjektiv jeweils hinter einem Komma die an die männliche Form anzuhängende weibliche Endung angegeben, z.B. Je suis désolé,-e. [~~sch~~ö ßüi des**ɔle**] *(Das tut mir leid.)*

Stellung des Adjektivs

Die Grundregel besagt, daß kurze (einsilbige) Adjektive vor dem Substantiv, lange (mehrsilbige) Adjektive hinter dem Substantiv stehen: un bon café [ẽ bõ ka**fe**] *(ein guter Kaffee)*; un livre intéressant [ẽ livr‿ẽterä**ßã**] *(ein interessantes Buch)*. Farbadjektive werden immer nachgestellt: le ciel bleu [lö ßjäl blö] *(der blaue Himmel)*.

Steigerung des Adjektivs

Adjektive werden durch Voranstellung von plus [plü] *(mehr)* gesteigert: grand [grã] *groß* – plus grand [plü grã] *(größer)*.

Im Superlativ kommt der bestimmte Artikel hinzu: le plus grand [lö plü grã] *(der größte)*.

Vergleiche werden mit que [kö] *(als)* gebildet: Marcel est plus grand que Pascal. [mar**ßäl**‿ä plü grã kö paß**kal**] *(Marcel ist größer als Pascal.)*

Unregelmäßig werden gesteigert:
bon [bõ] *(gut)* – meilleur [mä**jör**] *(besser)*;
mauvais [mo**wä**] *(schlecht)* – pire [pir] *(schlechter)*.

Adverbien

Das Adverb wird aus der weiblichen Form des Adjektivs durch Anhängen von **-ment** gebildet: forte [fɔrt] – fortement [fɔrt**mã**] *(stark)*.

Unregelmäßige Adverbien sind: bien [bjẽ] *(gut)* und mal [mal] *(schlecht)*.

Pronomen

Subjektpronomen

je [~~sch~~ö] *(ich)*
tu [tü] *(du)*
il [il] *(er)*, elle [äl] *(sie)*
nous [nu] *(wir)*
vous [wu] *(ihr, Sie)*
ils [il] *(sie) (m)*, elles [äl] *(sie) (f)*.

Das Subjektpronomen **je** wird bei nachfolgendem Vokal oder stummem h apostrophiert: j'achète [~~sch~~a**schät**] *(ich kaufe)*; j'habite [~~sch~~a**bit**] *(ich wohne)*.

Objektpronomen (Dativ/Akkusativ)

me [mö] *(mir, mich)*
te [tö] *(dir, dich)*
lui [lüi] *(ihm, ihr) = Dativ*
le [lö] *(ihn, es) = Akkusativ*
la [la] *(sie, es) = Akkusativ*
nous [nu] *(uns)*
vous [wu] *(euch, Ihnen)*

leur [lör] *(ihnen) = Dativ*
les [le] *(sie) = Akkusativ*

Die Objektpronomen me, te, le und la werden bei nachfolgendem Vokal oder stummem h apostrophiert: Je l'achète. [~~sch~~ö la**schät**] *(Ich kaufe es.)*

Possessivpronomen

Bei den Possessivpronomen unterscheidet man im Singular eine männliche und eine weibliche Form. Das Pronomen bezieht sich in Geschlecht und Zahl nicht auf das Subjekt – den Besitzer, sondern auf das Objekt – das Besitztum: C'est son sac. [ßä ßõ ßak] *(Das ist ihre/seine Tasche.)* C'est sa chambre [ßä ßa schãbr] *(Das ist ihr/sein Zimmer.)*

männlich	weiblich	Plural	
mon [mõ]	ma [ma]	mes [me]	*(mein,-e)*
ton [tõ]	ta [ta]	tes [te]	*(dein,-e)*
son [ßõ]	sa [ßa]	ses [ße]	*(sein,-e; ihr,-e)*
notre [nɔtr]		nos [no]	*(unser,-e)*
votre [wɔtr]		vos [wo]	*(euer,-e; Ihr,-e)*
leur [lör]	leurs [lör]		*(ihr,-e)*

Beachten Sie, daß vor weiblichen Substantiven, die mit Vokal oder stummem h beginnen, die männliche Form des Possessivpronomens gebraucht wird: mon amie [mɔn‿**ami**] *(meine Freundin)*.

Demonstrativpronomen

In der Einzahl lautet das männliche Demonstrativpronomen ce [ßö], das weibliche cette [ßät]: ce monsieur [ßö mö**ßjö**] *(dieser Herr);* cette dame [ßät dam] *(diese Dame).* Vor männlichen Substantiven, die mit Vokal oder stummem h beginnen, wird ce zu cet: cet enfant [ßät‿**ãfã**] *(dieses Kind).*

Die Mehrzahl ist in allen Fällen ces: ces dames [ße dam] *(diese Damen).*

Das Verb

Die Hilfsverben **sein** und **haben:**

être [ätr] *(sein):*
je suis [~~sch~~ö ßüi] *(ich bin)*
tu es [tü ä] *(du bist)*
il/elle est [il/äl‿ä] *(er/sie ist)*
nous sommes [nu ßɔm] *(wir sind)*
vous êtes [wus‿ät] *(ihr seid; Sie sind)*
ils/elles sont [il/äl ßõ] *(sie sind)*

avoir [awoar] *(haben):*
j'ai [~~sch~~ä] *(ich habe)*
tu as [tü a] *(du hast)*
il/elle a [il/äl‿a] *(er/sie hat)*
nous avons [nus‿a**wõ**] *(wir haben)*
vous avez [wus‿a**we**] *(ihr habt; Sie haben)*
ils/elles ont [ils/äls‿õ] *(sie haben)*

Im Französischen unterscheidet man nach der Endung ihrer Grundform drei Gruppen von regelmäßigen Verben:

Regelmäßige Verben auf **-er:**

donner [dɔ**ne**] *(geben):*
je donne [~~sch~~ö dɔn] *(ich gebe)*
tu donnes [tü dɔn] *(du gibst)*
il/elle donne [il/äl dɔn] *(er/sie gibt)*
nous donnons [nu dɔ**nõ**] *(wir geben)*
vous donnez [wu dɔ**ne**] *(ihr gebt; Sie geben)*
ils/elles donnent [il/äl dɔn] *(sie geben)*

Ebenso gebildet werden folgende Verben: aimer [ä**me**] *(lieben, mögen);* arriver [ari**we**] *(ankommen);* habiter [abi**te**] *(wohnen);* jouer [~~sch~~**ue**] *(spielen);* regarder [röga**rde**] *(betrachten);* travailler [trawa**je**] *(arbeiten);* visiter [wisi**te**] *(besuchen, besichtigen).*

Regelmäßige Verben auf **-ir:**

finir [fi**nir**] *(beenden):*
je finis [~~sch~~ö fi**ni**] *(ich beende)*
tu finis [tü fi**ni**] *(du beendest)*
il/elle finit [il/äl fi**ni**] *(er/sie beendet)*
nous finissons [nu fini**ßõ**] *(wir beenden)*
vous finissez [wu fini**ße**] *(ihr beendet; Sie beenden)*
ils/elles finissent [il/äl fi**niß**] *(sie beenden)*

Ebenso gebildet wird das Verb choisir [schoa**sir**] *(wählen, aussuchen).*

partir [partir] *(weggehen, wegfahren, abreisen):*
je pars [~~sch~~ö par] *(ich gehe weg)*
tu pars [tü par] *(du gehst weg)*

il/elle part [il/äl par] *(er/sie geht weg)*
nous partons [nu par**tõ**] *(wir gehen weg)*
vous partez [wu par**te**] *(ihr geht weg; Sie gehen weg)*
ils/elles partent [il/äl part] *(sie gehen weg)*

Ebenso gebildet werden die Verben: dormir [dɔr**mir**] *(schlafen)*; servir [ßär**wir**] *(bedienen)*.

Die wichtigsten regelmäßigen Verben auf **-re:**

vendre [wãdr] *(verkaufen):*
je vends [~~sch~~ö wã] *(ich verkaufe)*
tu vends [tü wã] *(du verkaufst)*
il/elle vend [il/äl wã] *(er/sie verkauft)*
nous vendons [nu wã**dõ**] *(wir verkaufen)*
vous vendez [wu wã**de**] *(ihr verkauft; Sie verkaufen)*
ils/elles vendent [il/äl wãd] *(sie verkaufen)*

Ebenso gebildet werden die Verben: répondre [re**põdr**] *(antworten)*; attendre [a**tãdr**] *(warten, erwarten)*.

Einige wichtige unregelmäßige Verben:

aller [a**le**] *(gehen):*
je vais [~~sch~~ö wä] *(ich gehe)*
tu vas [tü wa] *(du gehst)*
il/elle va [il/äl wa] *(er/sie geht)*
nous allons [nus‿a**lõ**] *(wir gehen)*
vous allez [wus‿a**le**] *(ihr geht; Sie gehen)*
ils/elles vont [il/äl wõ] *(sie gehen)*

devoir [dövo**ar**] *(müssen):*
je dois [schö do**a**] *(ich muß)*
tu dois [tü do**a**] *(du mußt)*
il/elle doit [il/äl do**a**] *(er/sie muß)*
nous devons [nu dö**võ**] *(wir müssen)*
vous devez [wu dö**ve**] *(ihr müßt; Sie müssen)*
ils/elles doivent [il/äl do**av**] *(sie müssen)*

faire [fär] *(machen):*
je fais [~~sch~~ö fä] *(ich mache)*
tu fais [tü fä] *(du machst)*
il/elle fait [il/äl fä] *(er/sie macht)*
nous faisons [nu fö**sõ**] *(wir machen)*
vous faites [wu fät] *(ihr macht; Sie machen)*
ils/elles font [il/äl fõ] *(sie machen)*

prendre [prãdr] *(nehmen):*
je prends [~~sch~~ö prã] *(ich nehme)*
tu prends [tü prã] *(du nimmst)*
il/elle prend [il/äl prã] *(er/sie nimmt)*
nous prenons [nu prö**nõ**] *(wir nehmen)*
vous prenez [wu prö**ne**] *(ihr nehmt; Sie nehmen)*
ils/elles prennent [il/äl prän] *(sie nehmen)*

venir [wö**nir**] *(kommen):*
je viens [~~sch~~ö wjẽ] *(ich komme)*
tu viens [tü wjẽ] *(du kommst)*
il/elle vient [il/äl wjẽ] *(er/sie kommt)*
nous venons [nu wö**nõ**] *(wir kommen)*
vous venez [wu wö**ne**] *(ihr kommt; Sie kommen)*
ils/elles viennent [il/äl wjän] *(sie kommen)*

Verneinung

Um die Verneinung zu bilden, wird das Verb in **ne ... pas** [nö ... pa] *(nicht)*, **ne ... jamais** [nö ... ~~sch~~a**mä**] *(nie)*, **ne ... rien** [nö ... rjẽ] *(nichts)*, **ne ... plus** [nö ... plü] *(nicht mehr)*, **ne ... personne** [nö ... pär**ßɔn**] *(niemanden)* eingeschlossen: Je ne travaille pas. [~~sch~~ö nö tra**waj** pa] *(Ich arbeite nicht.)* Il ne boit jamais. [il nö bo**a** ~~sch~~a**mä**] *(Er trinkt nie.)*

Beachten Sie, daß **ne** apostrophiert wird, wenn das nachfolgende Verb mit Vokal oder stummem h beginnt: Nous n'attendons plus. [nu natã**dõ** plü] *(Wir warten nicht mehr.)*

Fragebildung

Sie haben drei Möglichkeiten der Fragebildung:

1. Durch Umstellung von Subjekt und Verb: Avez-vous une chambre? [a**we** wu ün schãbr] *(Haben Sie ein Zimmer?)*
2. Durch ein dem Aussagesatz vorangestelltes **Est-ce que:** Est-ce que vous êtes seul? [äßk wus‿**ät** ßöl] *(Sind Sie allein?)*
3. Durch Anheben der Stimme am Ende des Aussagesatzes: Vous louez des bicyclettes? [wu lu**e** de bißi**klät**] *(Vermieten Sie Fahrräder?)*

Bonjour Madame!
Bonjour Monsieur!
Willkommen
in Frankreich!

Allgemeines

Begrüßung und Verabschiedung

Guten Morgen./GutenTag.	Bonjour. [bõ**~~seh~~ur**]
Guten Abend.	Bonsoir. [bõßo**ar**]
Gute Nacht.	Bonne nuit. [bɔn‿nü**i**]
Hallo!	Salut! [ßa**lü**]
Wie geht's?	Comment ça va? [kɔ**mã** ßa wa]
Wie geht es Ihnen?/ Wie geht es Dir?	Comment allez-vous?/Comment vas-tu? [kɔ**mã**t‿**ale** wu/kɔ**mã** wa tü]
* Bien, merci. [bjẽ mär**ßi**]	Danke, gut.
Und Ihnen/Dir?	Et vous/toi? [e wu/to**a**]
Auf Wiedersehen.	Au revoir. [o röwo**ar**]
Tschüß.	Salut. [ßa**lü**]
Bis bald.	A bientôt. [a bjẽ**to**]
Bis morgen.	A demain. [a dö**mẽ**]
Grüße an die Familie.	Amitiés à la famille. [ami**tje** a la fa**mij**]
Vielen Dank für alles.	Merci beaucoup pour tout. [mär**ßi** bo**ku** pur tu]
Es hat uns sehr gefallen.	Nous avons beaucoup aimé. [nus‿a**wõ** bo**ku** ä**me**]
* Bon voyage! [bõ woa**ja~~seh~~**]	Gute Reise!

Anrede und Vorstellung

Herr/Frau/Fräulein ...	Monsieur/Madame/Mademoiselle ... [mö**ßjö**/ma**dam**/madmoa**säl**]
Wie heißen Sie?/ Wie heißt Du?	Vous vous appelez comment?/Tu t'appelles comment? [wu wus‿a**ple** kɔ**mã**/tü ta**päl** kɔ**mã**]
Ich heiße ...	Je m'appelle ... [~~seh~~ö ma**päl**]

Das ist/sind mein Mann/mein Freund meine Frau/meine Freundin meine Kinder.	**Voilà** [woa**la**] mon mari/mon ami [mõ ma**ri**/mɔn‿**ami**] ma femme/mon amie [ma fam/mɔn‿**ami**] mes enfants. [mes‿ã**fã**]
Angenehm./Sehr erfreut.	Enchanté. [ãschã**te**]
Gleichfalls.	De même. [dö mäm]
Woher kommst du/ kommen Sie?	D'où es-tu/êtes-vous? [du ä tü/ät wu]
Ich bin/Wir sind aus Deutschland aus Österreich aus der Schweiz.	**Je suis/Nous sommes** [~~sch~~ö ßüi/nu ßɔm] de l'Allemagne [dö lal**manj**] de l'Autriche [dö lo**trisch**] de la Suisse. [dö la ßü**iß**]

Verständigung

Sprechen Sie/Sprichst Du Deutsch/Englisch?	Parlez-vous/Parles-tu allemand/anglais? [par**le** wu/parl tü al**mã**/ã**glä**]
Wie heißt das auf Französisch?	Comment est-ce que ça se traduit en français? [kɔ**mã** äßk ßa‿ß tra**düi** ã frã**ßä**]
Wie bitte?	Comment? [kɔ**mã**]
Was bedeutet das?	Qu'est-ce que ça veut dire? [käßk ßa wö dir]
Haben Sie/Hast Du verstanden?	Avez-vous/As-tu compris? [a**we** wu/a tü kõ**pri**]
Ich verstehe nicht.	Je ne comprends pas. [~~sch~~ö nö kõ**prã** pa]
Langsamer bitte!	Plus lentement, s'il vous plaît! [plü lãt**mã** ßil wu plä]
Bitte nochmal!	Répétez, s'il vous plaît! [repe**te** ßil wu plä]

Bonjour, ça va?

Küßchen rechts, Küßchen links, Küßchen rechts … zwei- bis viermal wird dieses Begrüßungsritual unter guten Freunden wiederholt. Egal ob auf der Straße oder zu Hause, der flüchtige Wangenkuß signalisiert sowohl freundschaftliche Verbundenheit als auch familiäre Zusammengehörigkeit. Geht es förmlicher zu, ist ein **bonjour Madame** [bõ~~sch~~ur ma**dam**] bzw. **bonjour Monsieur** [bõ~~sch~~ur mö**ßjö**] an der Tagesordnung. Hängt jedoch der Bäcker um die Ecke ein aufmunterndes **ça va?** [ßa wa] *(Wie geht's?)* an diese Formel, läßt das Rückschlüsse auf gutnachbarschaftliche Verhältnisse zu. Geantwortet wird mit einem **ça va** [ßa wa] *(es geht so)* oder sogar mit einem optimistisch gestimmten **ça va bien** [ßa wa bjẽ] *(es geht gut)*. Ist das Gegenteil der Fall, heißt es **ça va mal** [ßa wa mal] *(es geht schlecht)*.

Die Übersetzung des deutschen **bitte** verändert sich je nachdem, ob der Betreffende mit seinem Gegenüber in der dritten Person Singular oder dem freundschaftlichen Du kommuniziert. Aus dem offiziellen **s'il vous plaît** [ßil wu plä] *(wie geht es Ihnen)* wird dann ein **s'il te plaît** [ßil tö plä] *(wie geht es Dir)*.

Wurde der Wunsch erfüllt, muß man sich zumindest mit einem schlichten **merci** [mär**ßi**], was soviel wie danke bedeutet, revanchieren. Formvollendeter ist ein **pas de quoi** [pa dö koa] oder **de rien** [dö rjẽ]. Diese beiden Antworten gehen in Richtung „nicht der Rede wert" oder „schon in Ordnung".

Können Sie/Kannst Du mir	**Pourriez-vous/Pourrais-tu me** [purie wu/pur**ä** tü mö]
das aufschreiben	l'écrire [le**krir**]
das erklären/das übersetzen?	l'expliquer/le traduire? [läxpli**ke**/lö tra**düir**]

Höflichkeitsfloskeln

Bitte.	S'il vous plaît. [ßil wu plä]
Danke./Vielen Dank.	Merci./Merci beaucoup. [mär**ßi**/mär**ßi** bo**ku**]
Danke, gleichfalls.	Merci, de même. [mär**ßi** dö mäm]
Danke für die Mühe/Hilfe.	Je vous remercie de votre aide. [~~sch~~ö wu römär**ßi** dö wɔtr‿äd]
* Pas de quoi. [pa dö ko**a**]	Bitte./Keine Ursache.
Entschuldigung./Entschuldigen Sie.	Pardon./Excusez. [par**dõ**/äxkü**se**]
* Ça ne fait rien. [ßa‿n fä rjẽ]	Das macht nichts.
Einen Augenblick, bitte!	Un instant, s'il vous plaît! [ẽn‿ẽ**ßtã** ßil wu plä]
Das ist sehr nett von Ihnen.	C'est très gentil à vous. [ßä trä ~~sch~~ã**ti** a wu]
Das tut mir leid.	Je suis désolé,-e. [~~sch~~ö ßüi desɔ**le**]
Das ist schade.	C'est dommage. [ßä dɔ**ma~~sch~~**]
Herzlich willkommen!	Bienvenue! [bjẽwö**nü**]
Herzlichen Glückwunsch!	Félicitations! [felißita**ßjõ**]
Alles Gute zum Geburtstag!	Bon anniversaire! [bɔn‿aniwär**ßär**]
Viel Spaß! Viel Vergnügen!	Amusez-vous!/Amuse-toi bien! [amü**se** wu/amüs to**a** bjẽ]
Gute Besserung!	Un bon rétablissement! [ẽ bõ retabliß**mã**]
Viel Erfolg!	Bonne chance! [bɔn schãß]
Schönen Tag!	Bonne journée! [bɔn ~~sch~~ur**ne**]
Gute Reise!	Bon voyage! [bõ woa**ja~~sch~~**]
Schöne Ferien!	Bonnes vacances! [bɔn wa**kãß**]
Frohe Weihnachten!	Joyeux Noël! [~~sch~~oa**jö** no**äl**]
Frohe Ostern!	Joyeux Pâques! [~~sch~~oa**jö** pak]
Ein frohes Neues Jahr!	Bonne année! [bɔn‿a**ne**]

Sich kennenlernen

Darf ich mich dazu setzen?	Puis-je m'assoir? [pü**i~~sch~~** maßo**ar**]
Gestatten Sie?	Vous permettez? [wu pärmä**te**]
Sind Sie/Bist Du	**Vous êtes/Tu es** [wus‿ät/tü ä]
alleine unterwegs	seul,-e [ßöl]
mit jemandem unterwegs	accompagné,-e [akõpan**je**]
verheiratet?	marié,-e? [mari**e**]
Hast Du einen Freund/eine Freundin?	As-tu un ami/une amie? [a tü ẽn‿a**mi**/ün‿a**mi**]
Wie alt bist Du?	Quel âge as tu? [käl a~~sch~~ a tü]
Ich bin 25 Jahre alt.	J'ai vingt-cinq ans. [~~sch~~ä wẽt ßẽk‿ã]
Was sind Sie/bist Du von Beruf?	Quelle est votre/ta profession? [käl ä wɔtr/ta prɔfä**ßjõ**]

argot = der Slang

Wie in jeder lebendigen Sprache gibt es natürlich auch im Französischen Ausdrücke, die man nicht unbedingt in jedem Wörterbuch findet, dafür aber so gut wie in jedermanns Vokabular gang und gäbe sind. Und manchmal wird es da schon schwierig, die klare Trennungslinie zwischen Schulfranzösisch und Umgangssprache, oder, wie der Franzose es nennt, dem **argot** [ar**go**] zu ziehen. So wird z. B. aus dem Auto **la voiture** [la woa**tür**] **la bagnole** [la ban**jɔl**], die Arbeit **le travail** [lö tra**wai**] wird als **le boulôt** [lö bu**lo**] bezeichnet, und der Zaster, sprich Geld **l'argent** [lar**~~sch~~ã**] heißt dann **le fric** [lö frik]. Ebenso haben sich Vorlieben für Abkürzungen entwickelt: Anstelle von **sympathique** [ßẽpa**tik**] *(sympathisch)* heißt es **sympa** [ßẽ**pa**], und aus **le professeur** [lö prɔfä**ßör**], womit der Lehrer ebenso gemeint ist wie der Professor an der Universität, wird **le prof** [lö prɔf]. Schwieriger wird es da, wenn aus **le restaurant** [lö räßto**rã**] **le resto** [lö räß**to**] oder aus **le frigidaire** [lö fri~~sch~~i**där**] für Kühlschrank **le frigo** [lö fri**go**] wird, wenn man statt von **le pullover** [lö pülɔ**wär**] von **le pull** [lö pül] spricht und in einem Lokal die Bestellung anstelle eines **l'apéritif** [laperi**tif**] **l'apéro** [lape**ro**] lautet.

Ich bin Schüler(in).	Je vais encore à l'école. [~~sch~~ö wäs‿ã**kɔr**‿a le**kɔl**]
Ich bin Student(in).	Je suis étudiant (étudiante). [~~sch~~ö ßüis‿etü**djã** (etü**djãt**)]
Ich bin Angestellte(r).	Je suis employée (employé). [~~sch~~ö ßuis‿ãploa**je**]
Möchten Sie etwas trinken?	Vous désirez boire quelque chose? [wu desi**re** boa**r** kälk schos]
Ja, gerne, gute Idee.	Oui, volontiers, bonne idée. [ui wɔlõt**je** bɔn‿i**de**]
Warum nicht?	Pourquoi pas? [purk**oa** pa]
Nein, danke.	Non, merci. [nõ mär**ßi**]
Vielleicht ein andermal.	Peut-être une autre fois. [pö**tätr**‿ün‿otr foa]
Vielleicht später.	Peut-être plus tard. [pö**tätr** plü tar]
Gefällt es Ihnen/Gefällt es Dir hier?	Vous vous plaisez/Tu te plais ici? [wu wu plä**se**/tü tö pläs‿i**ßi**]
Mir gefällt es hier sehr gut.	Je me plais beaucoup ici. [~~sch~~ö mö plä bo**ku** i**ßi**]
Sind Sie/Bist Du zum ersten Mal hier?	Est-ce la première fois que vous venez/tu viens ici? [äß la pröm**jär** fo**a** kö wu wö**ne**/tü wjẽ i**ßi**]
Nein, ich war schon einmal in …	Non, j'étais déjà à … [nõ ~~sch~~e**tä** de**~~sch~~a** a]
Kennen Sie/Kennst Du Deutschland?	Connaissez-vous/Connais-tu l'Allemagne? [kɔnä**ße** wu/kɔ**nä** tü lal**manj**]
Besuchen Sie/Besuche mich doch bald einmal.	Venez-me/Viens-me voir un de ces jours. [wö**ne** **mö**/wjẽ mö wo**ar** ẽ dö ße ~~sch~~ur]
Hier ist meine Adresse.	Voici mon adresse. [woa**ßi** mɔn‿a**dräß**]
Wie lange sind Sie/bist Du schon hier?	Combien de temps est-ce que vous-êtes/tu es déjà ici? [kõ**bjẽ** dö tã äßk wus‿ät/tü ä de**~~sch~~a** i**ßi**]
Seit einer Woche/zwei Tagen.	Depuis une semaine/deux jours. [dö**püi** ün ßmän/dö ~~sch~~ur]
Wie lange bleiben Sie/bleibst Du noch hier?	Vous resterez/Tu resteras encore combien de temps? [wu räß**tre**/tü räß**tra** ã**kɔr** kõ**bjẽ** dö tã]

Noch eine Woche/zwei Tage.	Encore une semaine/deux jours. [ã**kɔr**‿ün ßmän/dö ~~seh~~ur]
Wollen wir heute/morgen zusammen	**Nous pourrions … ensemble, aujourd'hui/ demain?** [nu puri**õ** ã**ßãbl** … o~~seh~~ur**düi**/dö**mẽ**]
zu Mittag essen	déjeuner [de~~seh~~ö**ne**]
zu Abend essen	dîner [di**ne**]
ausgehen	sortir [ßɔr**tir**]
ins Kino gehen/zum Tanzen gehen	aller au cinéma/aller danser [a**le** o ßine**ma**/a**le** dã**ße**]
Sport treiben	faire du sport [fär dü ßpɔr]
spielen?	jouer [~~seh~~u**e**]
Einverstanden, in Ordnung!	D'accord, je veux bien! [da**kɔr** ~~seh~~ö wö bjẽ]
Nein, ich möchte nicht.	Non, je ne veux pas. [nõ ~~seh~~ö nö wö pa]
Ich kann leider nicht.	Je suis désolé. Je ne peux pas. [~~seh~~ö ß**üi** desɔ**le** ~~seh~~ö nö pö pa]
Wann/Wo treffen wir uns?	A quelle heure/Où est-ce que nous nous retrouverons? [a käl‿ör/u äßk nu nu rötru**wrõ**]
Kann ich	**Je peux** [~~seh~~ö pö]
Sie/Dich abholen	passer vous/te prendre [pa**ße** wu/tö prãdr]
Sie/Dich nach Hause bringen	vous/t'accompagner à la maison [wu/t‿akõpan**je** a la mä**sõ**]
Sie/Dich zum Bus bringen?	vous/t'accompagner à l'arrêt d'autobus? [wu/t‿akõpan**je** a larä doto**büß**]
Nein, das ist nicht nötig.	Non, ce n'est pas la peine. [nõ ßnä pa la pän]
Es war sehr schön.	J'ai beaucoup aimé. [~~seh~~ä bo**ku** ä**me**]
Wann treffen wir uns wieder?	Quand est-ce que nous nous reverrons? [kãt‿äßk nu nu rövö**rõ**]
Ich mag das nicht.	Je n'aime pas ça. [~~seh~~ö näm pa ßa]
Das gefällt mir nicht.	Ça ne me plaît pas. [ßa nö mö plä pa]
Dazu habe ich keine Lust.	Je n'en ai pas envie. [~~seh~~ö nãn‿ä pas‿ã**wi**]
Lassen Sie mich/Laß mich in Ruhe!	Laissez-moi/Laisse-moi tranquille! [lä**ße** moa/läß mo**a** trã**kil**]
Bitte gehen Sie/geh!	S'il vous plaît, partez/pars! [ßil wu plä par**te**/par]
Verschwinden Sie!/ Verschwinde!	Disparaissez!/Disparais! [dißparä**ße**/dißpa**rä**]

Fragen

Was ist das?	Qu'est-ce que c'est? [käßk ßä]
Was kostet das?	Ça fait combien? [ßa fä kõ**bjẽ**]
Wo ist …?/Wo gibt es …?	Où est-ce qu'il y a …? [u äßkil**ja**]
Wohin fährt …?	Où va …? [u wa]
Wie heißt das?	Qu'est-ce que ça veut dire? [käßk ßa wö dir]
Wie lange dauert das?	Cela prend combien de temps? [ßla prã kõ**bjẽ** dö tã]
Wann beginnt das Konzert?	Le concert commence à quelle heure? [lö kõ**ßär** kɔ**mãß**‿a käl‿ör]

Wieviele Kilometer sind es?	Ce sont combien de kilomètres? [ßö ßõ kõ**bjẽ** de kilɔ**mätr**]
Können Sie	**Pourriez-vous** [purie wu]
mir helfen	m'aider [mä**de**]
mir das zeigen?	me le montrer? [mö lö mõ**tre**]
Kann ich Ihnen helfen?	Puis-je vous aider? [püi**seh** wus‿ä**de**]

Fragewörter

Was	Que [kö]
Wer	Qui [ki]
Welche (-r, -s)	Quel,-le [käl]
Wo/Wohin	Où [u]
Wie	Comment [kɔ**mã**]
Wieviel/Wieviele	Combien (de) [kõ**bjẽ** (dö)]
Wann	Quand [kã]
Wie lange	Combien de temps [kõ**bjẽ** dö tã]
Warum	Pourquoi [purko**a**]
Wofür	A quoi [a ko**a**]

Uhrzeit

Wie spät ist es (genau), bitte?	Quelle heure est-il (exactement), s'il vous plaît? [käl‿ör‿ä**til** (ägsakt**mã**) ßil wu plä]
Es ist	**Il est** [il‿ä]
1 Uhr/2 Uhr	une heure/deux heures [ün‿ör/dös‿ör]
Viertel nach 3	trois heures et quart [tro**as**‿ör‿e kar]
Viertel vor 5	cinq heures moins le quart [ßẽk‿ör moẽ lö kar]
15 Uhr 20	quinze heures vingt [kẽs‿ör wẽ]
halb 4	trois heures et demie [tro**as**‿ör‿e dö**mi**]
5 Minuten vor 6	six heures moins cinq [ßis‿ör moẽ ßẽk]
12 Uhr mittags/Mitternacht.	midi/minuit. [mi**di**/mi**nüi**]

Um wieviel Uhr müssen wir da sein?	A quelle heure faut-il arriver? [a käl‿ör fot‿il‿ari**we**]
Ungefähr/Pünktlich um 12 Uhr.	A midi environ/juste. [a mi**di** äwi**rõ**/~~sch~~**üßt**]
Wann gibt es Frühstück/ Mittagessen/Abendessen?	A quelle heure y a-t-il le petit déjeuner/ le déjeuner/le dîner? [a käl‿ör ja**til** lö pti de~~sch~~ö**ne**/lö de~~sch~~ö**ne**/lö di**ne**]
* De huit à neuf heures. [dö üit‿a nöf‿ör]	Von 8 bis 9 Uhr.

Datum

Den wievielten haben wir heute?	On est le combien aujourd'hui? [õn‿ä lö kõ**bjẽ** o~~sch~~ur**düi**]
Heute ist der 1./2./15. August.	Aujourd'hui, on est le premier/deux/quinze août. [o~~sch~~ur**düi** õn‿ä lö pröm**je**/**dö**/**kẽs‿ut**]
Wir kommen am 20. Mai an.	Nous arriverons le vingt mai. [nus‿ari**wrõ** lö wẽ mä]
Wir bleiben bis 31. August.	Nous resterons jusqu'au trente et un août. [nu räß**trõ** ~~sch~~üß**ko** trãt‿e‿ẽn‿ut]
Ich bin am 12. Januar (1960) geboren.	Je suis né,-e le douze janvier (mille neuf cent soixante). [~~sch~~ö ßüi ne lö dus ~~sch~~ã**wje** (mil nöf ßã ßoa**ßãt**)]
Ich habe am 12. Januar Geburtstag.	Mon anniversaire est le douze janvier. [mɔn‿aniwär**ßär** ä lö dus ~~sch~~ã**wje**]

Zeitangaben

abends	le soir [lö ßo**ar**]
am Wochenende	le week-end [lö wik‿**änd**]
bis morgen	à demain [a dö**mẽ**]
früh (morgens)	tôt (le matin) [to (lö ma**tẽ**)]
gestern	hier [i**är**]
heute	aujourd'hui [o~~sch~~ur**düi**]
heute abend	ce soir [ßö ßo**ar**]
in 14 Tagen	dans quinze jours [dã kẽs ~~sch~~**ur**]
dieses Jahr/nächstes Jahr/ voriges Jahr/jedes Jahr	cette année/l'année prochaine/l'année dernière/ tous les ans [ßät‿a**ne**/la**ne** prɔ**schän**/la**ne** därn**jär**/ tu les‿**ã**]
jetzt	maintenant [mẽt**nã**]
manchmal	parfois [parfo**a**]
Minute	la minute [la mi**nüt**]
mittags	à midi [a mi**di**]
morgen	demain [dö**mẽ**]
morgens	le matin [lö ma**tẽ**]
nachmittags	l'après-midi *(f)* [lapr**ä** mi**di**]
nachts	la nuit [la n**üi**]
rechtzeitig	à l'heure [a l**ör**]
seit (heute/1 Woche)	depuis (aujourd'hui/une semaine) [dö**püi** (o~~sch~~ur**düi**/ün ß**män**)]
Sekunde	la seconde [la ßö**gõd**]

Wochentage

Montag lundi [lẽ**di**]
Dienstag mardi [mar**di**]
Mittwoch mercredi [märkr**di**]
Donnerstag jeudi [~~sch~~ö**di**]
Freitag vendredi [wãdr**di**]
Samstag samedi [ßam**di**]
Sonntag dimanche [di**mãsch**]

Monate

Januar janvier [~~sch~~ã**wje**]
Februar février [fevri**e**]
März mars [**mars**]
April avril [a**vril**]
Mai mai [**mä**]
Juni juin [~~sch~~ü**ẽ**]
Juli juillet [~~sch~~üi**jä**]
August août [**ut**]
September septembre [ßäp**täbr**]
Oktober octobre [ɔk**tɔbr**]
November novembre [nɔ**wãbr**]
Dezember décembre [de**ßãbr**]

Jahreszeiten

Frühling le printemps [lö prẽ**tã**]
Sommer l'été *(m)* [le**te**]
Herbst l'automne *(m)* [lo**tɔn**]
Winter l'hiver *(m)* [li**wär**]
Haupt-/Nebensaison la haute/basse saison [la ot/baß ßä**sõ**]

spät/zu spät	tard/trop tard [**tar**/tro **tar**]
später	plus tard [plü **tar**]
Stunde	l'heure *(f)* [**lör**]
täglich	tous les jours [tu le ~~sch~~**ur**]
Tag	le jour [lö ~~sch~~**ur**]
übermorgen	après-demain [ap**rä** dö**mẽ**]
vor (2 Tagen)	il y a (deux jours) [il**ja** (dö ~~sch~~**ur**)]
vorgestern	avant-hier [a**vãt**‿i**är**]
vorher	avant [a**vã**]
vormittags	la matinée [la mati**ne**]
Woche	la semaine [la ß**män**]
zur Zeit	actuellement [aktüäl**mã**]

Wetter

Wie schön es heute ist!	Quelle belle journée! [käl bäl ~~sch~~ur**ne**]
Bleibt es so schlecht/schön?	Le mauvais/beau temps va continuer? [lö mo**wä**/bo tã wa kõti**nüe**]
Was sagt der Wetterbericht?	Quelles sont les prévisions météo? [käl ßõ le prewi**sjõ** mete**o**]
Es wird kälter/wärmer.	Le temps se rafraîchit/se radoucit. [lö tã ßö rafrä**schi**/ßö radu**ßi**]
Es ist heiß/schwül.	Il fait chaud/lourd. [il fä **scho**/**lur**]
Es ist windig/stürmisch/neblig.	Il y a du vent/une tempête/du brouillard. [il**ja** dü **wã**/ün tã**pät**/du brui**jar**]
Heute/Morgen soll es regnen/schneien.	Aujourd'hui/Demain il va pleuvoir/neiger. [o~~sch~~ur**düi**/dö**mẽ** il wa plövo**ar**/nä~~sch~~**e**]
Wie lange regnet es schon?	Il pleut depuis quand? [il plö dö**püi** kã]
Wann hört es auf zu regnen?	Quand est-ce que la pluie va s'arrêter? [kãt‿äßk la plü**i** wa ßarä**te**]

Wieviel Grad haben wir? — On a combien de degrés? [õn‿a kõ**bjẽ** dö dö**gre**]

25 Grad (im Schatten). — Vingt-cinq degrés (à l'ombre). [wẽt ßẽk dö**gre** (a lõbr)]

Maßeinheiten

cm/m/km — le centimètre/le mètre/le kilomètre [lö ßãti**mätr**/lö mätr/lö kilɔ**mätr**]

m^2/km^2/ha — le mètre carré/le kilomètre carré/l'hectare [lö mätr ka**re**/lö kilɔ**mätr** ka**re**/l‿äk**tar**]

m^3 — le mètre cube [lö mätr küb]

km/h — le kilomètre à l'heure [lö kilɔ**mätr**‿a lör]

(ein viertel/ein halber/ein) Liter — (un quart de/un demi-/un) litre [(ẽ kar dö/ẽ dö**mi**/ẽ) litr]

Gramm/Pfund/Kilo/Tonne — le gramme/la livre/le kilo/la tonne [lö gram/la livr/lö ki**lo**/la tɔn]

Sekunde/Minute/Stunde — la seconde/la minute/l'heure *(f)* [la ßö**gõd**/la mi**nüt**/lör]

Tag/Woche/Monat/Jahr — le jour/la semaine/le mois/l'an *(m)* [lö ~~sch~~ur/la ßmän/lö mo**a**/lã]

Dutzend/Paar/Portion — la douzaine/la paire/la portion [la du**sän**/la pär/la pɔr**ßjõ**]

Farben

Ich suche eine blaue/schwarze Hose. — Je cherche un pantalon bleu/noir. [~~sch~~ö schärsch‿ẽ pãta**lõ** blö/no**ar**]

Haben Sie dieses Hemd — **Vous avez cette chemise** [wus‿a**we** ßät schmis]
- auch in Weiß — aussi en blanc [o**ßi** ã blã]
- in einer anderen Farbe? — dans une autre couleur? [dãs‿ün‿otr ku**lör**]

Diese Farbe — **Cette couleur** [ßät ku**lör**]
- gefällt mir nicht — ne me plaît pas [nö mö plä pa]
- ist mir zu hell/zu dunkel. — est trop claire/trop foncée. [ä tro klär/tro fõ**ße**]

Farben

beige beige [bä~~sch~~]
blau bleu,-e [blö]
braun marron [ma**rõ**]
bunt multicolore [mültikɔ**lɔr**]
dunkel foncé,-e [fõ**ße**]
einfarbig uni [ü**ni**]
gelb jaune [~~sch~~on]
gemustert fantaisie [fätä**si**]
gestreift rayé,-e [rä**je**]
grau gris,-e [gri,-s]
grün vert,-e [wär,-t]
hell clair,-e [klär]
kariert à carreaux [a ka**ro**]
lila lilas [li**la**]
pink rose [ros]
rosa rose pâle [ros pal]
rot rouge [ru~~sch~~]
schwarz noir,-e [no**ar**]
türkis turquoise [türko**as**]
weiß blanc (blanche) [blã (blãsch)]

Train à Grande Vitesse (TGV) heißt der Hochgeschwindigkeitszug

Reisewege und Verkehrsmittel

An der Grenze

* Votre passeport! [wɔtr paß**pɔr**]	Ihren Paß!
* Votre permis de conduire! [wɔtr pär**mi** dö kõ**düir**]	Ihren Führerschein!
Ich bin	**Je suis** [~~seh~~ö ßü**i**]
Tourist	en vacances [ã wa**kãß**]
auf Geschäftsreise.	en voyage d'affaires. [ã woa**ja~~seh~~** da**fär**]
* Vous avez quelque chose à déclarer? [wus‿a**we** kälk schos‿a dekla**re**]	Haben Sie etwas zu verzollen?
Nein,	**Non,** [nõ]
ich habe nichts zu verzollen	je n'ai rien à déclarer [~~seh~~ö nä rjẽn‿a dekla**re**]
ich habe nur einige Geschenke.	je n'ai que quelques cadeaux. [~~seh~~ö nä kö kälk ka**do**]
Muß ich das verzollen?	Il faut le déclarer, ça? [il fo lö dekla**re** ßa]
* S'il vous plaît, ouvrez la valise! [ßil wu plä uv**re** la wa**lis**]	Öffnen Sie bitte den Koffer!
Kann ich	**Puis-je** [püi**~~seh~~**]
mit der Deutschen Botschaft sprechen	faire appel à l'ambassade allemande [fär‿a**päl**‿a lãba**ßad**‿al**mãd**]
mit meinem Konsulat sprechen?	faire appel à mon consulat? [fär‿a**päl**‿a mõ kõßü**la**]

Nach dem Weg fragen

Wie komme ich	**Comment puis-je aller** [kɔmã püi~~sch~~‿ale]
nach …	à … [a]
zur Autobahn	à l'autoroute [a lotɔ**rut**]
ins Zentrum	au centre ville [o ßãtr wil]
zum … Platz	à la place … [a la plaß]
zur … Straße	à la rue … [a la rü]
zum Bahnhof/zum Busbahnhof	à la gare/à l'arrêt d'autobus [a la gar/a la**rä** doto**büß**]
zum Flughafen/zum Hafen?	à l'aéroport/au port? [a laerɔ**pɔr**/o pɔr]
* Au carrefour [o kar**fur**]	An der Kreuzung
* Après les feux [a**prä** le fö]	Nach der Ampel
*** Après cinq cents mètres** [a**prä** ßẽ‿ßã mätr]	**Nach 500 Metern**
* tournez à droite/à gauche [tur**ne** a dro**at**/a gosch]	rechts/links abbiegen
* continuez tout droit [kõtinü**e** tu dro**a**]	geradeaus fahren/gehen
* faites demi-tour. [fät dö**mi** tur]	zurückfahren/-gehen.
Ist das die Straße nach …?	Est-ce la bonne route pour aller à …? [äß la bɔn rut pur‿**ale** a]
Wie weit ist es nach …?	A quelle distance sommes-nous de …? [a käl diß**tãß** ßɔm nu dö]
Können Sie mir das auf der Karte zeigen?	Pourriez-vous me le montrer sur la carte? [puri**e** wu mö lö mõ**tre** ßür la kart]

Ein Auto, Motorrad oder Fahrrad mieten

Ich möchte … mieten.	**Je voudrais louer** [~~sch~~ö wu**drä** lue]
ein Auto	une voiture [ün woa**tür**]
einen Geländewagen	une voiture tout-terrain [ün woa**tür** tu tärẽ]
einen Kleinbus	un minibus [ẽ mini**büß**]
ein Wohnmobil	un camping-car [ẽ kã**ping** kar]
ein Motorrad	une moto [ün mɔ**to**]
ein Moped/ein Mofa	un vélomoteur/une motocyclette [ẽ welomɔ**tör**/ün mɔtoßi**klät**]
einen Motorroller	un scooter [ẽ ßku**tär**]
ein Fahrrad/ein Mountainbike	une bicyclette/un VTT [ün bißi**klät**/ẽ wete**te**]
für 2 Tage/1 Woche	pour deux jours/une semaine [pur dö ~~sch~~ur/ün ßmän]
ab heute/morgen	à partir d'aujourd'hui/de demain. [a par**tir** do~~sch~~ur**düi**/dö dö**mẽ**]
Wieviel kostet das Fahrzeug	**Quel est le tarif** [käl‿ä lö ta**rif**]
pro Tag/pro Woche	à la journée/à la semaine [a la ~~sch~~ur**ne**/a la ßmän]
pro gefahrenen Kilometer?	au kilomètre parcouru? [o kilɔ**mätr** parku**rü**]

Gibt es eine Kilometerbegrenzung?	Est-ce que le kilomètrage est limité? [äßk lö kilɔmä**tra~~sch~~**‿ä limi**te**]
Wieviel Benzin ist noch im Tank?	Combien d'essence y a-t-il encore dans le réservoir? [kõ**bjẽ** de**ßãß** ja**til**‿ã**kɔr** dã lö resärwo**ar**]
Welches Benzin muß ich tanken?	Quelle essence faut-il mettre? [käl‿e**ßãß** fot‿il mätr]
Wie hoch ist die Kaution?	A combien s'élève la caution? [a kõ**bjẽ** ße**läw** la koß**jõ**]
Ist das Fahrzeug vollkaskoversichert?	Le véhicule a une assurance tous risques? [lö wei**kül** a ün‿aßü**rãß** tu ri**ßk**]
Bis wann muß ich das Fahrzeug zurückbringen?	Jusqu'à quelle heure faut-il rendre le véhicule? [~~sch~~üß**ka** käl‿ör fot‿il rãdr lö wei**kül**]

Parken

Kann ich hier parken?	Je peux garer ma voiture ici? [~~sch~~ö pö ga**re** ma woa**tür**‿i**ßi**]
Gibt es hier	**Est-ce qu'il y a . . . près d'ici?** [äßkil**ja** . . . prä di**ßi**]
einen (bewachten) Parkplatz	un parking (gardé) [ẽ par**king** (gar**de**)]
ein Parkhaus/eine Tiefgarage?	un parking à étages/un parking souterrain [ẽ par**king** a e**ta~~sch~~**/ẽ par**king** ßutä**rẽ**]
Wie hoch ist die Parkgebühr	**Quel est le tarif du parking** [käl‿ä lö ta**rif** dü par**king**]
pro Stunde	à l'heure [a **lör**]
pro Tag	à la journée [a la ~~sch~~ur**ne**]
pro Nacht?	par nuit? [par **nüi**]

Verkehrsschilder

Allumez vos phares Scheinwerfer einschalten!
Attention Achtung!
Autoroute (payante) (gebührenpflichtige) Autobahn
Bouchon Stau
Chantier Baustelle
Contrôle de radar Radarkontrolle
Danger Gefahr!
Déviation Umleitung
Embouteillage Stau
Horodateur Parkscheinautomat
Impasse Sackgasse
Interdiction de dépasser Überholverbot!
Interdiction de stationner Parkverbot!
Parking à étages Parkhaus
Parking souterrain Tiefgarage
Piste cyclable Radweg
Poids lourds Lastwagen
Ralentissez Langsamer fahren!
Sens unique Einbahnstraße
Serrez à droite Rechts fahren!
Sortie de véhicules Ausfahrt
Station de péage Zahlstelle
Virage dangereux Gefährliche Kurve!
Voie de dégagement Umgehungsstraße
Voie réservée aux véhicules lents Kriechspur
Vous n'avez pas la priorité Vorfahrt beachten!

Tanken

Wo ist bitte die nächste Tankstelle?	Où est la station-service la plus proche? [u ä la ßta**ßjõ** ßär**wiß** la plü prɔsch]
Bitte volltanken/20 Liter	**Faites le plein/Vingt litres, s'il vous plaît** [fät lö plẽ/wẽ litr ßil wu plä]
Normalbenzin	de l'ordinaire [dö lɔrdi**när**]
Super	du super [dü ßü**pär**]
Diesel	du gasole [dü ga**sɔl**)
bleifrei.	sans plomb. [ßã plõ]
Ich möchte bitte 1/2 Liter Öl.	Je voudrais un demi-litre d'huile. [~~sch~~ö wu**dräs** ẽ dö**mi** litr dü**il**]

Panne, Unfall

Ich habe	**J'ai** [~~sch~~ä]
eine Reifenpanne	un pneu à plat [ẽ pnö a **pla**]
einen Unfall.	eu un accident. [ü ẽn‿akßi**dã**]
Ich habe eine Panne.	Je suis en panne. [~~sch~~ö ßü**is**‿ã pan]
Bitte nehmen Sie mich mit	**S'il vous plaît, emmenez-moi** [ßil wu plä ãm**ne** moa]
zur nächsten Tankstelle	à la prochaine station-service [a la prɔ**schän** ßta**ßjõ** ßär**wiß**]
zu einer Werkstatt.	à un garage. [a ẽ ga**ra~~sch~~**]
Könnten Sie	**Pourriez-vous** [purie wu]
mich abschleppen	me remorquer [mö römɔr**ke**]
mir (anschieben) helfen	m'aider (à pousser) [mä**de** (a pu**ße**)]
mir Starthilfe geben	m'aider à démarrer avec votre batterie [mä**de** a dema**re** a**wäk** wɔtr ba**tri**]
mir Benzin leihen	me donner un peu d'essence [mö dɔ**ne** ẽ pö de**ßãß**]
mir Ihren Wagenheber leihen	me prêter votre cric [mö prä**te** wɔtr krik]
den Pannendienst benachrichtigen	appeler le service de dépannage [ap**le** lö ßär**wiß** dö depa**na~~sch~~**]
die Polizei/die Feuerwehr rufen	appeler la police/les pompiers [ap**le** la pɔ**liß**/le põ**pje**]
einen Krankenwagen rufen	appeler une ambulance [ap**le** ün‿ãbü**lãß**]
einen Arzt rufen?	appeler un médecin? [ap**le** ẽ med**ßẽ**]
Sind Sie verletzt?	Vous êtes blessé? [wus‿ät ble**ße**]
Es ist niemand verletzt.	Personne n'est blessé. [per**sɔn** nä ble**ße**]
Es ist jemand (schwer) verletzt.	Quelqu'un est (gravement) blessé. [käl**kẽ**n‿ä (grav**mã**) ble**ße**]
Geben Sie mir bitte	**Donnez-moi, s'il vous plaît,** [dɔ**ne** moa ßil wu plä]
Ihren Namen und Ihre Anschrift	votre nom et adresse [wɔtr nõ e a**dräß**]
Ihre Versicherungsnummer.	le numéro de votre police d'assurance. [lö nüme**ro** dö wɔtr pɔ**liß** daßü**räß**]

Auto, Motorrad, Fahrrad

Abschleppseil	le cable de dépannage [lö kabl dö depa**naseh**]
Auspuff	le pot d'échappement [lö po deschap**mã**]
Auto	la voiture [la woa**tür**]
Automatikauto	la voiture automatique [la woa**tür**‿otoma**tik**]
Autoschlüssel	la clé de la voiture [la kle dö la woa**tür**]
Batterie	la batterie [la ba**tri**]
Bremse	le frein [lö frẽ]
Ersatzteil	la pièce de rechange [la pjäß dö rö**schãseh**]
Flickzeug	les nécessaires *(m)* de réparations [le neßä**ßär** dö repara**ßjõ**]
Handbremse	le frein à main [lö frẽ a mẽ]
Hupe	le klaxon [lö kla**xõ**]
Katalysator	le catalyseur [lö katali**sör**]
Keilriemen	la courroie [la kuro**a**]
(Fahrrad-)Kette	la chaîne [la schän]
Kindersitz	le siège-auto [lö ßjä**seh**‿**oto**]
Kühler	le radiateur [lö radja**tör**]
Kupplung	l'embrayage *(m)* [lãbrä**jaseh**]
Kurzschluß	le court-circuit [lö kur ßir**küi**]
Lenkung	la direction [la diräk**ßjõ**]
Luftpumpe	la pompe à air [la põp‿a är]
(Fahrrad-)Mantel	le pneu [lö pnö]
Motor	le moteur [lö mo**tör**]
Motorradhelm	le casque [lö kaßk]
Reifen	le pneu [lö pnö]
Reparatur	la réparation [la repara**ßjõ**]
Reserverad	la roue de secours [la ru dö ßkur]
Rücklicht	le feu arrière [lö fö ar**jär**]
Scheibenwischer	l'essuie-glace *(m)* [le**ßüi** glaß]
Scheinwerfer	le phare [lö far]
Schlauch	la chambre à air [la schãbr‿a är]
Schraube	la vis [la wiß]
Schraubenzieher	le tournevis [lö turn**wiß**]
Sicherheitsgurt	la ceinture de sécurité [la ßẽ**tür** dö ßekü**rite**]
Sicherung	le fusible [lö fü**sibl**]
Starter	le démarreur [lö dema**rör**]
Ventil	la soupape [la ßu**pap**]
Verbandskasten	la trousse de secours [la truß dö ßkur]
Vorderlicht	le phare avant [lö far‿a**wã**]
Warndreieck	le triangle de présignalation [lö tri**ãgl** dö preßinjala**ßjõ**]
Werkzeug	les outils *(m)* [les‿u**ti**]
Zündkerzen	les bougies *(f)* [le bu**sehi**]

Ich bin/Sie sind/Er ist zu schnell gefahren	**Je/Vous/Il** [schö/wu/il] roulais/rouliez/roulait trop vite [ru**lä**/rul**je**/ru**lä** tro wit]
zu dicht aufgefahren.	me suis/vous êtes/s'est trop approché. [mö ßü**i**/wus‿ät/ßä tro apro**sche**]
Sind Sie Zeuge des Unfalls?	Vous êtes témoin de l'accident? [wus‿ät temo**ẽ** dö lakßi**dã**]
Vielen Dank für Ihre Hilfe.	Je vous remercie de votre aide. [schö wu römär**ßi** dö wotr‿äd]

Werkstatt

Gibt es hier eine (VW-)Werkstatt?	Y a-t-il ici un concessionaire (VW)? [ja**til**‿i**ßi** ẽ kõßäßjo**när** (wedubl**we**)]
Der Motor springt nicht an	**Le moteur** [lö mo**tör**] ne démarre pas [nö de**mar** pa]
verliert Öl	perd de l'huile [pär dö lü**il**]
funktioniert nicht richtig.	ne fonctionne pas bien. [nö fõ**kßjon** pa bjẽ]
Die Bremsen sind nicht in Ordnung.	Les freins ne répondent pas bien. [le frẽ nö re**põd** pa bjẽ]
Die Kontrollampe leuchtet.	Le témoin est allumé. [lö temo**ẽ** ät‿alü**me**]
Der Auspuff/Der Kühler ist undicht/defekt.	Le pot d'échappement/Le radiateur est percé/fuit. [lö po deschap**mã**/lö radja**tör** ä pär**ße**/fü**i**]
Was kostet die Reparatur?	La réparation va coûter combien? [la repara**ßjõ** wa ku**te** kõ**bjẽ**]
Wann ist der Wagen fertig?	Quand est-ce que la voiture sera prête? [kãt‿äßk la woa**tür** ßra **prät**]

Autostopp

Fahren Sie nach …?	Vous allez à …? [wus‿**ale** a]
Können Sie mich mitnehmen?	Pourriez-vous m'emmener? [pur**ie** wu mãm**ne**]
Ich möchte hier aussteigen!	Je voudrais descendre ici! [schö wu**drä** dö**ßãdr**‿i**ßi**]
Danke fürs Mitnehmen!	Merci de m'avoir emmené,-e! [mär**ßi** dö mavo**ar**‿ãm**ne**]

Mit Bahn und Bus unterwegs

Wo ist der Bahnhof/der Busbahnhof, bitte?	Où est la gare/l'arrêt d'autobus, s'il vous plaît? [u ä la gar/la**rä** doto**büß** ßil wu plä]
Wann fährt ein Zug/ein Bus nach …?	Quelles sont les heures de départ des trains/des bus pour …? [käl ßõ les‿ör dö de**par** de trẽ/de büß pur]
Muß ich umsteigen?	Est-ce que je dois changer? [äßk schö doa schã**sche**]
Von welchem Gleis fährt der Zug ab?	Le train part de quelle voie? [lö trẽ par dö käl **voa**]
Wann kommt der Zug/der Bus in … an?	A quelle heure est-ce que le train/le bus arrive à …? [a käl‿ör äßk lö trẽ/lö büß‿a**riv** a]

Hinweisschilder

Accès aux quais Zugang zu den Bahnsteigen
Eau non-potable Kein Trinkwasser!
libre frei
occupé besetzt
Quai Bahnsteig
Renseignements Auskunft
Signal d'alarme Notbremse
Sortie Ausgang
Toilettes Toiletten, Waschraum
Voie Gleis
Voiture-couchette Liegewagen
Wagon-lit Schlafwagen
Wagon-restaurant Speisewagen

Habe ich in … Anschluß nach …?
J'ai une correspondance à … pour aller à …? [~~sch~~ä ün kɔräßpõ**dãß** a … pur‿**ale** a]

Was kostet die Fahrt?
Quel est le prix du billet? [käl‿ä lö pri dü bi**jä**]

Gibt es eine Ermäßigung für Kinder?
Y a-t-il un tarif réduit pour enfants? [ja**til**‿ẽ ta**rif** re**düi** pur‿ã**fã**]

Bitte eine Karte/Karten
S'il vous plaît, un ticket/des tickets [ßil wu plä ẽ ti**kä**/de ti**kä**]

nach …
pour aller à … [pur‿**ale** a]

einfach/hin und zurück
aller/aller-retour [a**le**/a**le** rö**tur**]

erster/zweiter Klasse
première/deuxième classe [pröm**jär**/dös**jäm** klaß]

für 2 Erwachsene und 2 Kinder.
pour deux adultes et deux enfants. [pur dös‿a**dült** e dös‿ã**fã**]

Bitte reservieren Sie für den Zug/Bus
S'il vous plaît, réservez pour le train/bus [ßil wu plä resär**we** pur lö trẽ/büß]

nach …
pour … [pur]

um 14 Uhr
de quatorze heures [dö ka**tɔrs**‿ör]

einen (Fenster-)Platz
une place (côté fenêtre) [ün plaß (ko**te** fnätr)]

einen Nichtraucherplatz/einen Raucherplatz
une place non-fumeur/une place fumeur [ün plaß nõ fü**mör**/ün plaß fü**mör**]

einen Liegewagenplatz
une couchette [ün ku**schät**]

einen Schlafwagenplatz.
une place en wagon-lit. [ün plaß‿ã wa**gõ** li]

Ich möchte
Je voudrais [~~sch~~ö wu**drä**]

mein Fahrrad mitnehmen
emporter ma bicyclette [ãpɔr**te** ma bißi**klät**]

mein Gepäck aufgeben.
faire enregistrer mes bagages. [fär‿ãrö~~sch~~iß**tre** me ba**ga~~sch~~**]

Wo finde ich bitte
S'il vous plaît, où est-ce que je trouve [ßil wu plä u äßk ~~sch~~ö truv]

den Informationsschalter
le guichet de renseignements [lö gi**schä** dö rãßänjö**mã**]

die Gepäckaufbewahrung
la consigne des bagages [la kõ**ßinj** de ba**ga~~sch~~**]

Schließfächer?
les consignes automatiques? [le kõ**ßinj**‿otoma**tik**]

Ist das der Zug/Bus nach …?
Est-ce le train/bus pour …? [äß lö trẽ/büß pur]

Ist dieser Platz frei, bitte?
Cette place est libre, s'il vous plaît? [ßät plaß‿ä libr ßil wu plä]

Mit dem Flugzeug unterwegs

Ich möchte	**Je voudrais** [schö wudrä]
einen Flug buchen nach …	un billet d'avion pour [ẽ bijä davjõ pur]
für 1/2/4 Person(en)	pour une/deux/quatre personne(s) [pur‿ün/dö/katr pärßɔn]
am …	le … [lö]
einfach/Hin- und Rückflug	un billet aller/un billet aller-retour [ẽ bijä ale/ẽ bijä ale rötur]
Touristenklasse/1. Klasse	classe touriste/première classe [klaß turißt/prömjär klaß]
einen Flug rückbestätigen	confirmer un vol [kõfirme ẽ wɔl]
meinen Flug stornieren/ umbuchen.	annuler le vol/modifier mon billet d'avion. [anüle lö wɔl/modifje mõ bijä davjõ]
Wo ist	**Où est** [u ä]
Terminal 1/2/3	le terminal numéro un/deux/trois [lö tärminal nümero ẽ/dö/troa]
der Lufthansa-Schalter	le guichet de la compagnie Lufthansa [lö gischä dö la kõpanji lufthansa]
der Informationsschalter?	le guichet des renseignements? [lö gischä de rãßänjmã]
Wann landet die Maschine aus …?	A quelle heure atterrit l'avion venant de …? [a käl‿ör ateri lavjõ wönã dö]
Sind noch Plätze frei	**Est-ce qu'il y a encore des places** [äßkilja ãkɔr de plaß]
am Fenster/am Gang	côté fenêtre/côté couloir [kote fnätr/kote kuloar]
für Raucher/Nichtraucher?	pour fumeurs/non-fumeurs? [pur fumör/nõ fümör]
Wieviel kostet der Flug?	Quel est le prix du billet? [käl‿a lö pri dü bijä]
Gibt es Sondertarife/ Stand-by-Plätze?	Y a-t il des tarifs spéciaux/des places stand-by? [jatil de tarif ßpeßjo/de plaß ßtäd bai]
Wann muß ich am Flughafen sein?	A quelle heure a lieu l'enregistrement? [a käl‿ör a ljö lãröschißtrmã]
Wie hoch ist die Flughafen-gebühr?	Quel est le montant de la taxe d'aéroport? [käl‿ä lö mõtã dö la tax daerɔpɔr]
Meine Tasche/Mein Koffer	Mon sac/Ma valise [mõ ßak/ma walis]
ist beschädigt	est abimé,-e [ät‿abime]
ist verschwunden.	a disparu. [a dißparü]

Mit dem Schiff unterwegs

Wann fährt ein Schiff/eine (Auto-)Fähre nach …?	A quelle heure est le prochain bateau/ ferry-boat pour …? [a käl‿ör ä lö proschẽ bato/feri bɔt pur]
Wie lange dauert die Überfahrt?	La traversée dure combien de temps? [la trawärße dür kõbjẽ dö tã]

Ich möchte	**Je voudrais** [~~sch~~ö wu**drä**]
eine Schiffskarte nach …	un billet de bateau pour … [ẽ bi**jä** dö ba**to** pur]
1. Klasse/2. Klasse	première classe/classe touristique [pröm**jär** klaß/klaß turiß**tik**]
Liegesitze	des sièges inclinables [de ßjä~~sch~~‿ẽkli**nabl**]
eine Einzelkabine	une cabine pour une personne [ün ka**bin** pur ün pär**ßɔn**]
eine Zweibettkabine	une cabine pour deux personnes [ün ka**bin** pur dö pär**ßɔn**]
eine Außen-/Innenkabine.	une cabine extérieure/intérieure. [ün ka**bin** äxteri**ör**/ẽteri**ör**]
Ich möchte mein Auto mitnehmen.	Je voudrais emmener ma voiture. [~~sch~~ö wu**dräs**‿ãm**ne** ma woa**tür**]
Wann muß ich/müssen wir an Bord sein?	A quelle heure faut-il être à bord? [a käl‿ör fot‿il‿ätr‿a bɔr]
Wann legen wir in … an?	Quand ferons-nous escale à …? [kã fö**rõ** nu äß**kal** a]
Wie lange haben wir Aufenthalt?	L'escale durera combien de temps? [läß**kal** dürö**ra** kõ**bjẽ** dö tã]

Städtische Verkehrsmittel

Bus, Straßenbahn und U-Bahn

Gibt es einen Bus nach …?	Y a-t-il un bus pour …? [ja**til**‿ẽ büß pur]
Wie lange dauert die Fahrt?	Le trajet dure combien de temps? [lö tra**~~sch~~ä** dür kõ**bjẽ** dö tã]
Wo ist bitte	**S'il vous plaît, où est** [ßil wu plä u ä]
die nächste Bushaltestelle	l'arrêt d'autobus le plus proche [la**rä** doto**büß** lö plü prɔsch]
die nächste Straßenbahnhaltestelle	l'arrêt de tram le plus proche [la**rä** dö tram lö plü prɔsch]
die nächste U-Bahnstation?	la station de métro la plus proche? [la ßta**ßjõ** dö me**tro** la plü prɔsch]
… fährt nach …?	**… va à …?** [wa a]
Welcher Bus	Quel bus [käl büß]
Welche Straßenbahn	Quel tram [käl tram]
Welche U-Bahn	Quel métro [käl me**tro**]
Wann fährt der letzte Bus/die letzte Bahn (zurück)?	A quelle heure est-ce qu'il y a le dernier bus/le dernier tram? [a käl‿ör äßkil**ja** lö där**nje** büß/lö där**nje** tram]
Welche Richtung muß ich nehmen?	Quelle direction faut-il prendre? [käl diräk**ßjõ** fot‿il prãdr]
Wieviele Haltestellen sind es?	Ce sont combien d'arrêts? [ßö ßõ kõ**bjẽ** da**rä**]
Ist dies der richtige Bus/die richtige Straßenbahn nach …?	Est-ce le bon bus/le bon tram pour aller à …? [äß lö bõ büß/lö bõ tram pur‿**ale** a]

Le métro

Spricht man in Frankreich von der U-Bahn, so ist fast immer die Métro in Paris gemeint, denn neben der Metropole besitzen nur noch Marseille und Lyon solche Einrichtungen. Im Untergrund gibt es zwei wichtige Schilder: **Sortie** steht für Ausgang, und wer dem Schild **Correspondance** folgt, findet garantiert die Anschlußlinie zum Ziel. Auf dem Weg zum Bahnsteig versteht es sich von selbst, daß Sie das Entwerten Ihres Fahrscheines nicht vergessen: **N'oubliez pas de composter votre billet!**

Wo muß ich	**Où est-ce qu'il faut** [u äß**kil** fo]
aussteigen	descendre [döß**ãdr**]
umsteigen nach …	changer pour aller à … [schã~~sch~~**e** pur‿**ale** a]
umsteigen	changer [schã~~sch~~**e**]
zum Bahnhof	pour aller à la gare [pur‿**ale** a la gar]
zum Flughafen	pour aller à l'aéroport [pur‿**ale** a laero**pɔr**]
zum Hotel …	pour aller à l'hôtel … [pur‿**ale** a lo**täl**]
ins Zentrum?	pour aller au centre? [pur‿**ale** o ßãtr]
Sagen Sie mir bitte, wann ich aussteigen muß.	S'il vous plaît, dites-moi quand je devrai descendre. [ßil wu plä dit mo**a** kã ~~sch~~ö dö**vrä** dä**ßãdr**]
Einen Fahrschein nach … bitte.	Un ticket pour …, s'il vous plaît. [ẽ ti**kä** pur … ßil wu plä]
Gibt es eine Tageskarte?	Y a-t-il un abonnement d'un jour? [ia**til**‿ẽn‿abɔn**mã** dẽ ~~sch~~ur]
Ich möchte eine Zehnerkarte.	Je voudrais un carnet. [~~sch~~ö wu**dräs**‿ẽ kar**nä**]
Wieviel kostet die Fahrt nach …?	Quel est le prix pour aller à …? [käl‿ä lö pri pur‿**ale** a]
Halten Sie bitte hier!	Arrêtez-vous ici, s'il vous plaît! [ärä**te** wus‿i**ßi** ßil wu plä]

Taxi

Wo ist der nächste Taxistand?	Où est la station de taxi la plus proche? [u ä la ßta**ßjõ** dö ta**xi** la plü prɔsch]
Fahren Sie mich bitte	**S'il vous plaît, conduisez-moi** [ßil wu plä kõdü**ise** moa]
zum Bahnhof	à la gare [a la gar]
zum Hotel	à l'hôtel [a lo**täl**]
zum Flughafen	à l'aéroport [a laero**pɔr**]
in die Innenstadt	au centre ville [o ßãtr wil]
nach …	à … [a]
Was kostet die Fahrt nach/zum/zur …?	Quel est le tarif pour aller à … [käl‿ä lö ta**rif** pur‿**ale** a]
Schalten Sie bitte das Taxameter ein.	Mettez le taxamètre en marche, s'il vous plaît. [mä**te** lö taxa**mätr**‿ã marsch ßil wu plä]
Halten Sie hier bitte.	Arrêtez-vous ici, s'il vous plaît. [ärä**te** wus‿i**ßi** ßil wu plä]
Das ist für Sie!	Voilà pour vous! [woa**la** pur wu]

Gegen Ende des letzten Jahrhunderts entstanden an der Côte d'Azur glanzvolle Hotelpaläste

Unterkunft

Hotel und Pension

Gibt es hier	**Y a-t-il ici** [ja**til**‿i**ßi**]
ein gutes Hotel/ein einfaches Hotel	un bon hôtel/un hôtel pas trop cher [ẽ bɔn‿o**täl**/ẽn‿o**täl** pa tro schär]
eine Pension	une pension de famille [ün pã**ßjõ** dö fa**mij**]
in Strandnähe	près de la plage [prä dö la pla~~seh~~]
zentral gelegen	dans le centre [dã lö ßãtr]
in ruhiger Lage?	dans un quartier tranquille? [dãs‿ẽ kar**tje** trã**kil**]
Wo ist das Hotel/ die Pension ...?	Où est l'hôtel/la pension de famille ...? [u ä lo**täl**/la pã**ßjõ** dö fa**mij**]

An der Rezeption

Ich habe ein Zimmer reserviert.	J'ai réservé une chambre. [~~seh~~ä resär**we** ün schãbr]
Mein Name ist ...	Je m'appelle ... [~~seh~~ö ma**päl**]
Haben Sie ein Zimmer frei	**Vous avez encore une chambre** [wus‿a**wes**‿ã**kɔr**‿ün schãbr]
für 1 Nacht	pour une nuit [pur‿ün nü**i**]
für 1 Tag	pour un jour [pur‿ẽ ~~seh~~ur]
für 1 Woche	pour une semaine [pur‿ün ßmän]
für 2/3 Wochen?	pour deux/trois semaines? [pur dö/tro**a** ßmän]
* Désolé, on est complet. [desɔ**le** õn‿ä kõ**plä**]	Wir sind leider ausgebucht.
* Nous aurons une chambre libre à partir du ... [nus‿o**rõ** ün schãbr libr‿a par**tir** dü]	Ab ... wird etwas frei.

Ich möchten/Wir möchten	**Je voudrais/Nous voudrions** [~~sch~~ö wu**drä**/nu wudri**õ**]
ein Zimmer mit Dusche	une chambre avec douche [ün schãbr‿a**wäk** dusch]
ein Einzelzimmer	une chambre pour une personne [ün schãbr pur‿ün pär**ßɔn**]
ein Doppelzimmer	une chambre pour deux personnes [ün schãbr pur dö pär**ßɔn**]
ein Zweibettzimmer	une chambre à deux lits [ün schãbr‿a dö li]
ein Zimmer mit französischem Bett	une chambre avec un grand lit [ün schãbr‿a**wäk**‿ẽ grã li]
ein Zimmer mit Doppelbett	une chambre avec des lits jumeaux [ün schãbr‿a**wäk** de li ~~sch~~ü**mo**]
mit Bad und Toilette	avec salle de bains [a**wäk** ßal dö bẽ]
mit Balkon	avec balcon [a**wäk** bal**kõ**]
zum Strand/zur Straße.	qui donne sur la plage/qui donne sur la rue. [ki dɔn ßür la pla~~sch~~/ki dɔn ßür la rü]
Wieviel kostet das Zimmer	**Quel est le prix de la chambre** [käl‿ä lö pri dö la schãbr]
pro Person	par personne [par pär**ßɔn**]
pro Nacht	par nuit [par nü**i**]
pro Woche	par semaine [par ßmän]
mit/ohne Frühstück	avec/sans petit déjeuner [a**wäk**/ßã pti de~~sch~~**öne**]
mit Halbpension	en demi-pension [ã dö**mi** pã**ßjõ**]
mit Vollpension	en pension complète [ã pã**ßjõ** kõ**plät**]
für Kinder?	pour enfants? [pur‿ã**fã**]

Vom ***L-Komfort bis zum Landgasthof

Hôtel ist nicht gleich Hotel: Mit dem Begriff **Hôtel** [o**täl**] wird in Frankreich nicht automatisch ein Haus bezeichnet, in dem der Gast ein Zimmer für die Übernachtung buchen kann. So sollten Sie beispielsweise in einem Hôtel de Ville tunlichst vermeiden, nach einem Zimmer zu fragen, denn hier waltet der gewählte Bürgermeister seines Amtes.

Die meisten Hotels, denen das Interesse des Reisenden gilt, unterliegen einer amtlichen Klassifizierung mit fünf Kategorien. Ein sechseckiges blaues Schild mit dem weißen großen Buchstaben H und den entsprechenden Sternen ist neben dem Eingang angebracht und gibt Aufschluß über die Preiskategorie und den Komfort.

Die **Châteaux Hôtels de France** [scha**to** o**täl** dö fr**ãß**] sind alte, zu Hotels umgebaute Schlösser, und bei den **Relais de Campagne** [rö**lä** dö kã**panj**] handelt es sich um landschaftlich besonders schön gelegene Häuser.

Wer nicht soviel Geld für die Übernachtung ausgeben will, wird sich eher für eine **Hostellerie** [otäl**ri**], einen Landgasthof **Auberge** [o**bär~~sch~~**] bzw. das **Logis de France** [lɔ**~~sch~~i** dö frãß] oder ein **Relais de Tourisme** [rö**lä** dö tu**rism**] entscheiden. Die beiden zuletzt genannten Hotelketten sind bekannt für ihre sehr gute Regionalküche. Die **Pension de famille** [pã**ßjõ** dö fa**mij**] (Familienpension) bietet meist Halb- und Vollpension an.

Ist das Zimmer mit Fernseher/ mit Telefon?	Y a-t-il un téléviseur/un téléphone dans la chambre? [ja**til**‿ẽ telewi**sör**/ẽ tele**fɔn** dã la schãbr]
Ich möchte das Zimmer sehen.	Je voudrais voir la chambre. [~~sch~~ö wu**drä** **woar** la schãbr]
Das Zimmer ist schön.	La chambre est jolie. [la schãbr‿ä ~~sch~~ɔ**li**]
Das Zimmer gefällt mir nicht.	La chambre ne me plaît pas. [la schãbr nö mö plä pa]
Haben Sie ein anderes Zimmer?	Avez-vous une autre chambre? [a**we** wu ün‿otr schãbr]
Kann ich mit Scheck/ Kreditkarte bezahlen?	Puis-je payer avec chèque/une carte de crédit? [pü**i~~sch~~** pä**je** a**wäk** schäk/ün kart dö kre**di**]

Haben Sie	**Avez-vous** [a**we** wu]
einen Parkplatz	un parking [ẽ par**king**]
eine (bewachte) Garage	un garage (surveillé) [ẽ ga**ra~~sch~~** (ßürwä**je**)]
einen Safe	un coffre-fort [ẽ kɔfr fɔr]
ein Schwimmbad	une piscine [ün pi**ßin**]
eine Sauna	un sauna [ẽ ßo**na**]
einen eigenen Strand?	une plage privée? [ün pla~~sch~~ pri**we**]

Wo ist	**Où est** [u ä]
der Frühstücksraum/ der Speisesaal?	la salle à manger? [la ßal‿a mã**~~sche~~**]

Wann gibt es	**A quelle heure servez-vous** [a käl‿ör ßär**we** wu]
Frühstück	le petit déjeuner [lö pti de~~sch~~**öne**]
Mittagessen	le déjeuner [lö de~~sch~~**öne**]
Abendessen?	le dîner? [lö di**ne**]

▶ **(Zu den Mahlzeiten siehe Essen und Trinken, S. 40.)**

Wecken Sie mich morgen bitte um 7 Uhr!	Réveillez-moi demain matin à sept heures, s'il vous plaît! [rewä**je** moa dö**mẽ** ma**tẽ** a ßät‿ör ßil wu plä]
Meinen Schlüssel, bitte!	Ma clé, s'il vous plaît! [ma kle ßil wu plä]
Zimmer Nummer 10 bitte!	Chambre numéro dix, s'il vous plaît! [schãbr nüme**ro** diß ßil wu plä]

Kann ich hier	**Puis-je ... ici?** [püisch ... i**ßi**]
Geld tauschen	changer de l'argent [schã**~~sche~~** dö lar**~~sch~~ã**]
Eurocheques/Travellerschecks einlösen	encaisser des euro-chèques/des chèques de voyage [ãkä**ße** des‿öro**schäk**/de schäk dö woa**ja~~sch~~**]
Briefmarken/Postkarten kaufen	acheter des timbres/des cartes postales [asch**te** de tẽbr/de kart pɔ**ßtal**]
einen Brief einwerfen	poster une lettre [pɔ**ßte** ün lätr]
telefonieren?	téléphoner [telefɔ**ne**]

Kann ich von meinem Zimmer nach Deutschland telefonieren?	Puis-je téléphoner en Allemagne de ma chambre? [pü**i~~sch~~** telefɔ**ne** ãn‿al**manj** dö ma schãbr]
Verbinden Sie mich bitte mit der Nummer ...!	S'il vous plaît, passez-moi le numéro ...! [ßil wu plä pa**ße** moa lö nüme**ro**]

Hotelreservierung per Fax

Hôtel Colbert
F-75000 Paris
FAX …

Sehr geehrte Damen und Herren,

ich möchte/wir möchten vom 1. bis 10. Mai 2001 ein Zimmer für *ein/zwei Person(en)* reservieren, wenn möglich mit Dusche und Balkon.

Bitte teilen Sie *mir/uns* die Preise für *Einzel-/Doppelzimmer* mit *Frühstück/Halbpension* mit und benachrichtigen Sie *mich/uns* umgehend über die erfolgte Buchung.

Mit freundlichen Grüßen

Hôtel Colbert
F-75000 Paris
FAX …

Mesdames, Messieurs

je voudrais/nous voudrions réserver une chambre avec douche et balcon pour *une personne/deux personnes* pour la période du 1er au 10 mai 2001 .

Je vous serais très reconnaissant,-e/Nous vous serions très reconnaissants de bien vouloir *m'informer/nous informer* le plus vite possible des tarifs d'une chambre *avec petit déjeuner/en demi-pension.*

Dans l'attente de votre confirmation *je vous prie/nous vous prions* d'agréer, Mesdames et Messieurs, l'expression de *mes/nos* sentiments distingués.

Gibt es Post für mich?	Y a-t-il du courrier pour moi? [ja**til** dü kur**je** pur m**oa**]

Reklamationen

Das Zimmer *ist schmutzig/ist zu laut.*	La chambre *n'est pas propre/est trop bruyante.* [la schãbr nä pa propr/ä tro brü**ijät**]
Wir haben kein (warmes) Wasser.	Il n'y a pas d'eau (chaude). [il**nja** pa do [schod)]
Die Toilette funktioniert nicht.	Les toilettes ne fonctionnent pas. [le toa**lät** nö fõk**ßjɔn** pa]
… funktioniert nicht.	**… ne fonctionne pas.** [nö fõk**ßjɔn** pa]
Die Dusche	La douche [la dusch]
Das Licht	La lumière [la lüm**jär**]
Die Heizung	Le chauffage [lö scho**fasch**]
Es fehlen	**Il manque** [il mãk]
Handtücher	des serviettes de toilette [de ßärw**jät** dö toa**lät**]
Toilettenpapier	du papier hygiénique [dü pa**pje** isch**jenik**]
Kleiderbügel.	des cintres. [de ßẽtr]
Wir brauchen	**Nous avons besoin** [nus‿a**wõ** bösoẽ]
(noch) eine Decke	d'une couverture (supplémentaire) [dün kuwär**tür** (ßüplemä**tär**)]
(noch) ein Kopfkissen.	d'un oreiller (supplémentaire). [dẽn‿ɔrä**je** (ßüplemä**tär**)]

Ich habe meinen Zimmerschlüssel verloren.	J'ai perdu la clé de ma chambre. [~~sch~~ä pär**dü** la kle dö ma schãbr]

Abreise

Ich reise/Wir reisen morgen/heute ab.	Je pars/Nous partons demain/aujourd'hui. [~~sch~~ö par/nu par**tõ** dö**mẽ**/o~~sch~~ur**düi**]
Die Rechnung bitte.	Préparez la note, s'il vous plaît. [prepa**re** la nɔt ßil wu plä]
Rufen Sie bitte ein Taxi.	Appelez un taxi, s'il vous plaît. [a**ple** ẽ ta**xi** ßil wu plä]
Es hat uns sehr gefallen.	Nous avons eu un séjour très agréable ici. [nus‿a**wõs**‿ü ẽ ße**~~sch~~ur** träs‿agre**abl**‿i**ßi**]
Vielen Dank!	Merci beaucoup! [mär**ßi** bo**ku**]
Auf Wiedersehen.	Au revoir. [o röwo**ar**]

Ferienhaus und Ferienwohnung

Wir suchen	**Nous cherchons** [nu schär**schõ**]
ein Ferienhaus	une maison de vacances [ün mä**sõ** dö wa**kãß**]
eine Ferienwohnung	un appartement de vacances [ẽn‿apart**mã** dö wa**kãß**]
ein (ruhiges) Appartement	un appartement (tranquille) [ẽn‿apart**mã** (trã**kil**)]
für 2/4 Personen	pour deux/quatre personnes [pur dö/katr pär**ßɔn**]
für 6 Tage/2 Wochen.	pour six jours/deux semaines. [pur ßi ~~sch~~ur/dö ßmän]
Wieviele Zimmer hat/ Was kostet	**Combien de chambres a/Quel est le prix de** [kõ**bjẽ** dö schãbr‿a/käl‿ä lö pri dö]
die Wohnung	l'appartement [lapart**mã**]
das Haus?	la maison? [la mä**sõ**]
Sind Nebenkosten extra zu bezahlen?	Y a-t-il des frais supplémentaires? [ja**til** de frä ßüplemã**tär**]
Sind Haustiere/Hunde erlaubt?	On peut emporter des animaux/des chiens? [õ pöt‿ãpɔr**te** des‿ani**mo**/de schjẽ]
Müssen wir die Endreinigung übernehmen?	Il nous faut faire le nettoyage final? [il nu fo fär lö nätoa**ja~~sch~~** fi**nal**]
Wo kann man hier	**Où est-ce qu'on peut** [u äß**kõ** pö]
einkaufen	faire des courses [fär de kurß]
telefonieren	téléphoner [telefɔ**ne**]
Wäsche waschen?	faire la lessive? [fär la lö**ßiv**]

Camping

Haben Sie Platz für	**Est-ce que vous avez encore de la place pour** [äßk wus‿a**we** ã**kɔr** dö la plaß pur]
ein Zelt	une tente [ün tãt]
einen Wohnwagen	une caravane [ün kara**wan**]
ein Wohnmobil?	un camping-car? [ẽ kã**ping** kar]

Was kostet der Platz	**Quel est le tarif** [käl ä lö ta**rif**]
pro Person	par personne [par pär**ßɔn**]
für ein Auto	par voiture [par woa**tür**]
für ein Wohnmobil	par camping-car [par kã**ping** kar]
für einen Wohnwagen	par caravane [par kara**wan**]
für ein Zelt?	par tente? [par tãt]
Vermieten Sie auch	**Vous louez aussi** [wu lue o**ßi**]
Wohnwagen	des caravanes [de kara**wan**]
Zelte	des tentes [de tãt]
Bungalows/Hütten?	des bungalows/des cabanes? [de bẽga**lo**/de ka**ban**]
Wo sind die Duschen/Toiletten?	Où sont les douches/W.-C.? [u ßõ le dusch/we**ße**]
Wir brauchen einen	**Nous avons besoin** [nus‿a**wõ** bösoẽ]
Stromanschluß	d'électricité [deläktriß**ite**]
Wasseranschluß.	d'un branchement d'eau. [dẽ bräsch**mã** do]
Wann wird nachts das Tor geschlossen?	Quand est-ce que vous fermez la porte? [kät‿äßk wu fär**me** la pɔrt]
Ist der Platz nachts bewacht?	Le terrain est gardé pendant la nuit? [lö tä**rẽ** ä gar**de** pã**dã** la nüi]
Gibt es auf dem Campingplatz	**Y a-t-il ... sur le terrain de camping?** [ja**til** ... ßür lö tä**rẽ** dö kã**ping**]
einen Supermarkt	un supermarché [ẽ ßuparmar**sche**]
ein Restaurant	un restaurant [ẽ räßto**rã**]
Münz-Waschmaschinen	des machines à laver à jetons [de ma**schin**‿a la**we** a schö**tõ**]
Kühlboxen	des frigos [de fri**go**]
einen Spielplatz?	un terrain de jeux pour les enfants [ẽ tä**rẽ** dö schö pur les‿ã**fã**]

Wer es gemütlich haben will, schläft in einer Auberge

Jugendherberge

Gibt es hier eine Jugendherberge?	Y a-t-il ici une auberge de jeunesse? [jatil‿**ißi** ün‿o**bär~~sch~~** dö ~~sch~~ö**näß**]
Wieviel kostet eine Übernachtung pro Person (mit Frühstück)?	**Quel est le prix pour une nuit** [käl‿ä lö pri pur‿ün nüi] par personne (avec petit déjeuner)? [par pär**ßɔn** (a**wäk** pti de~~sch~~**öne**)]
Wir haben reserviert.	Nous avons réservé. [nus‿a**wõ** resär**we**]
Haben Sie ein Familienzimmer?	Avez-vous une chambre de famille? [a**we** wu ün schãbr dö fa**mij**]

Unterkunft

Adapter	l'adapteur *(m)* [ladap**tör**]
Appartement	l'appartement *(m)* [lapart**mã**]
Aschenbecher	le cendrier [lö ßãdri**e**]
Aufzug	l'ascenseur *(m)* [laßã**ßör**]
Badewanne	la baignoire [la bäno**ar**]
Balkon	le balcon [lö bal**kõ**]
Besteck	le couvert [lö ku**wär**]
Bett	le lit [lö li]
Bettdecke	la couverture [la kuwär**tür**]
Bettwäsche	les draps [le dra]
Dusche	la douche [la dusch]
Endreinigung	le nettoyage final [lö nätoa**ja~~sch~~** fi**nal**]
Ermäßigung	la réduction [la redük**ßjõ**]
Familienzimmer	la chambre de famille [la schãbr dö fa**mij**]
Fernseher	le téléviseur [lö telewi**sör**]
Garage	le garage [lö ga**ra~~sch~~**]
Gasflasche	la bouteille de gaz [la bu**täj** dö gas]
Gepäck	les bagages *(m)* [le ba**ga~~sch~~**]
Geschirr(tuch)	le (torchon à) vaisselle [lö (tɔr**schõ** a) wä**ßäl**]
Handtuch	la serviette de toilette [la ßär**wjät** dö toa**lät**]
Heizung	le chauffage [lö scho**fa~~sch~~**]
Herd	la cuisinière [la küisi**njär**]
Kaffeemaschine	la cafetière [la kaf**tjär**]
Kinderbett	le lit d'enfant [lö li dã**fã**]
Kissen	l'oreiller *(m)* [lɔrä**je**]
Kleiderbügel	le cintre [lö ßẽtr]
Klimaanlage	l'air *(m)* conditionné [lär kõdißjɔ**ne**]
Kochtöpfe	les casseroles *(f)* [le ka**ßrɔl**]
Küche	la cuisine [la küi**sin**]
leihen	*(entleihen)* emprunter [ãprẽ**te**]; *(verleihen)* prêter [prä**te**]
Leihgebühr	le tarif de location [lö ta**rif** dö lɔka**ßjõ**]
Licht	la lumière [la lüm**jär**]

Ich bleibe/Wir bleiben 2 Tage/Wochen.	Je resterai/Nous resterons deux jours/semaines. [~~sch~~ö räßt**rä**/nu räßt**rõ** dö ~~sch~~ur/ßmän]
Ich brauche/Ich brauche keine Bettwäsche.	J'ai besoin/Je n'ai pas besoin de draps. [~~sch~~ä böso**ẽ**/~~sch~~ö nä pa böso**ẽ** dö dra]
Wann wird die Eingangstür abgeschlossen?	La porte sera fermée à quelle heure? [la pɔrt ßra fär**me** a käl‿ör]
Wie weit ist es bis	**On met combien de temps pour aller** [õ mä kõ**bjẽ** dö tã pur‿**ale**]
zum Strand	à la plage [a la pla~~sch~~]
zur Stadt	au centre ville [o ßãtr wil]
zum Bahnhof?	à la gare? [a la gar]
Gibt es einen Bus ins Zentrum?	Y a-t-il un autobus pour aller au centre ville? [ja**til** ẽn‿oto**büß** pur‿**ale** o ßãtr wil]

Müll	les ordures *(f)* [les‿ɔr**dür**]
Mülleimer	la poubelle [la pu**bäl**]
Münzen	la monnaie [la mɔ**nä**]
Nebenkosten	les frais *(m)* supplémentaires [le frä ßüplemã**tär**]
Parkplatz	le parking [lö par**king**]
Pension	la pension de famille [la pã**ßjõ** dö fa**mij**]
Radioapparat	le poste de radio [lö pɔßt dö ra**djo**]
Rechnung	la note [la nɔt]; *(Gaststätte)* l'addition *(f)* [ladi**ßjõ**]
reinigen	nettoyer [nätoa**je**]
reparieren	réparer [repa**re**]
Safe	le coffre-fort [lö kɔfr fɔr]
Schlafsack	le sac de couchage [lö ßak dö ku**scha~~sch~~**]
Schlüssel	la clé [la kle]
Seife	le savon [lö ßa**wõ**]
Speisesaal	la salle à manger [la ßal‿a mã**~~sch~~e**]
Sportplatz	le terrain de sport [lö tä**rẽ** dö ßpɔr]
Strom	le courant [lö ku**rã**]
Stromanschluß	la prise de courant [la pris dö ku**rã**]
Telefon	le téléphone [lö tele**fɔn**]
Toilette	les toilettes *(f)* [le toa**lät**]
Toilettenpapier	le papier hygiénique [lö pa**pje** i~~sch~~je**nik**]
Trinkwasser	l'eau *(f)* potable [lo pɔ**tabl**]
Ventilator	le ventilateur [lö wãtila**tör**]
Waschbecken	le lavabo [lö lawa**bo**]
waschen	laver [la**we**]
Waschmaschine	la machine à laver [la ma**schin**‿a la**we**]
Wasser	l'eau *(f)* [lo]
Wasserverbrauch	la consommation d'eau [la kõßɔma**ßjõ** do]
Wohnmobil	le camping-car [lö kã**ping** kar]
Wohnwagen	la caravane [la kara**wan**]
Zimmermädchen	la femme de chambre [la fam dö schãbr]

Zu den angenehmen Dingen des Tages zählt der cafè noir in einem Straßencafé

Essen und Trinken

Wo gibt es hier
ein gutes Restaurant/ein preiswertes Restaurant
ein nettes Lokal/
ein typisches Lokal
mit einheimischer/
internationaler Küche?

Pourriez-vous m'indiquer [purie wu mẽdi**ke**]
un bon restaurant/un restaurant pas trop cher
[ẽ bõ räßto**rã**/ẽ räßto**rã** pa tro schär]
un petit restaurant sympa/un restaurant typique [ẽ pti räßto**rã** ßẽ**pa**/ẽ räßto**rã** ti**pik**]
avec cuisine régionale/internationale?
[a**wäk** küi**sin** re~~sch~~jɔ**nal**/ẽtärnaßjɔ**nal**]

Ich möchte/Wir möchten

frühstücken
zu Mittag essen/zu Abend essen
eine Kleinigkeit essen
nur etwas trinken.

Je voudrais/Nous voudrions
[~~sch~~ö wu**drä**/nu wudri**õ**]
prendre le petit déjeuner [prãdr lö p**ti** de~~sch~~ö**ne**]
déjeuner/dîner
[de~~sch~~ö**ne**/di**ne**]
prendre un repas rapide [prãdr‿ẽ rö**pa** ra**pid**]
seulement boire quelque chose.
[ßöl**mã** bo**ar** kälk schos]

Ich möchte einen Tisch bestellen
für heute abend
um 19 Uhr/20 Uhr
für vier/sechs Personen
auf den Namen ...

Je voudrais réserver une table
[~~sch~~ö wu**drä** resär**we** ün tabl]
pour ce soir [pur ßö ßo**ar**]
à dix-neuf heures/vingt heures
[a dis nöf‿ör/wẽt‿ör]
pour quatre/six personnes
[pur katr/ßi pär**ßɔn**]
au nom de ... [o nõ dö]

Ich habe einen Tisch bestellt auf den Namen ...

J'ai réservé une table au nom de ...
[~~sch~~ä resär**we** ün tabl‿o nõ dö]

Einen Tisch für 2/4 Personen bitte!

Une table pour deux/quatre personnes, s'il vous plaît! [ün tabl pur dö/katr pär**ßɔn** ßil wu plä]

Ist dieser Tisch/Platz frei?	Cette table/place est libre? [ßät tabl/plaß‿ä libr]
Wo sind die Toiletten bitte?	Où sont les toilettes, s'il vous plaît? [u ßõ le toa**lät** ßil wu plä]

Bestellen

Herr Ober/Bedienung, bitte!	Garçon, s'il vous plaît!/S'il vous plaît! [gar**ßõ** ßil wu plä/ßil wu plä]
Die Speisekarte/Die Tageskarte/Die Getränkekarte/Die Weinkarte/Die Eiskarte bitte!	La carte/Les plats du jour/La carte des vins/La carte des glaces, s'il vous plaît! [la kart/le pla dü ~~sch~~ur/la kart de wẽ/la kart de glaß ßil wu plä]
Was empfehlen Sie mir?	Qu'est-ce que vous me recommandez? [käßk wu mö rökɔmã**de**]
Ich möchte/Ich nehme	**Je voudrais/Je prends** [~~sch~~ö wu**drä**/~~sch~~ö prã]
eine Suppe	une soupe [ün ßup]
eine dicke Suppe	un potage [ẽ pɔ**ta~~sch~~**]
das Tagesgericht	le plat du jour [lö pla dü ~~sch~~ur]
das Menü Nummer eins/zwei	le menu numéro un/deux [lö mö**nü** nüme**ro** ẽ/dö]
das hier	ceci [ßö**ßi**]
als Vorspeise/Hauptspeise/Nachspeise.	comme hors-d'œuvre/plat principal/dessert. [kɔm‿ɔr dövr/pla prẽßi**pal**/de**ßär**]
Was sind die für die Region typischen Gerichte?	Quel sont les plats typiques? [käl ßõ le pla ti**pik**]
Ich möchte bitte Nudeln/Reis statt Pommes frites.	J'aimerais avoir des pâtes/du riz au lieu des frites. [~~sch~~äm**räs**‿avo**ar** de pat/dü ri o ljö de frit]
Für das Kind/die Kinder bitte	**Pour l'enfant/les enfants, s'il vous plaît** [pur lã**fã**/les‿ã**fã** ßil wu plä]
einen Kinderteller	une demi-portion [ün dö**mi** pɔr**ßjõ**]
einen Extrateller	une assiette supplémentaire [ün a**ßjät** ßüplemã**tär**]
ein Extrabesteck.	un couvert supplémentaire. [ẽ ku**vär** ßüplemã**tär**]
Gibt es ein vegetarisches Gericht?	Avez-vous un plat végétarien? [a**we** wu ẽ pla we~~sch~~etar**jẽ**]
Ist dieses Gericht	**Ce plat est** [ßö pla ä]
(sehr) scharf/süß/fett?	(très) épicé/sucré/gras? [(trä) epi**ße**/ßü**kre**/gra]
Haben Sie auch offenen Wein?	Vous avez aussi du vin en carafe? [wus‿a**we** o**ßi** dü wẽ ã ka**raf**]

Essenszeiten

Bekanntlich nimmt sich der Franzose für sein Mittag- und Abendessen gerne Zeit. In den Hotels und Restaurants wird das Frühstück, **petit déjeuner** [pti de~~sch~~**öne**], von 7 bis 10 Uhr, das Mittagessen, **déjeuner** [de~~sch~~**öne**], von 12 bis 14 Uhr und das Abendessen, **dîner** [di**ne**], von 20 bis 22 Uhr serviert.

Bar – Bistro – Restaurant

Eine **bar** [bar] läßt sich am ehesten mit unserer Steh- oder Stammkneipe vergleichen. Es gibt mindestens eine pro Dorf und oft mehrere in jedem **quartier** [kar**tje**] *(Viertel)* einer Großstadt. **Au zinc** [o ßẽk] *(am Tresen)* mit der großen blankpolierten Zinkplatte gibt es neben einer großen Auswahl alkoholischer und nichtalkoholischer Getränke auch Kleinigkeiten wie etwa ein **sandwich** [ßãd**wisch**] zu essen.

Die **brasserie** [braß**ri**] war ursprünglich ein reines Bierlokal, in dem heute auch andere Getränke und kleinere Mahlzeiten bestellt werden können. Hinter der Bezeichnung **bistro** [bi**ßtro**] versteckt sich ein kleines Speiselokal, in dem der **patron** [pa**trõ**] meist selbst am Herd steht und variationsreiche Tagesgerichte auf den Tisch zaubert. Der **salon de thé** [ßa**lõ** dö te] entspricht dem deutschen Café; in einer **taverne** [ta**wärn**] wird hauptsächlich Wein und dazu kleine Speisen serviert. Wer unter Zeitdruck steht, wird in ein **restaurant libre service** [räßto**rã** libr ßär**wiß**] mit Selbstbedienung oder in eine sterile **snack-bar** [ßnak bar] eilen. Unterwegs bieten sich natürlich die Raststätten **restoroute** [räßto**rut**] an Autobahnen, Bahnhöfen und Flughäfen an. Wer auf Reisen nur schnell eine Tasse Kaffee oder eine Kleinigkeit zu essen zu sich nehmen möchte, sollte das **buffet** [bü**fä**] aufsuchen.

Will man richtig zum Essen ausgehen, so sollte man in einem **restaurant** [räßto**rã**] einen Tisch bestellen. Hier wird zu festen Essenszeiten das aus mehreren Gängen bestehende **déjeuner** [de~~sch~~**öne**] oder **dîner** [di**ne**] serviert.

Zu trinken möchte ich/möchten wir, bitte
ein Glas
ein Viertel
eine (halbe) Flasche Rotwein/Weißwein.

J'aimerais/Nous aimerions boire
[~~sch~~äm**rä**/nus‿ämöri**õ** bo**ar**]
un verre de [ẽ wär dö]
un quart de [ẽ kar dö]
une (demi-)bouteille de vin rouge/vin blanc.
[ün (dö**mi**) bu**täj** dö wẽ ru~~sch~~/wẽ blã]

Danke, das ist alles.

Merci, c'est tout. [mär**ßi** ßä tu]

Kann ich noch ... haben?
etwas Brot
ein Bier

Puis-je encore avoir
[pü**i~~sch~~**‿ã**kɔr**‿avo**ar**]
un peu de pain [ẽ pö dö pẽ]
une bière? [ün bjär]

Guten Appetit!
Prost!/Auf Ihr Wohl!

Bon appétit! [bɔn‿ape**ti**]
A votre santé! [a wɔtr ßã**te**]

* A la vôtre! [a la wotr]

Auf das Ihre!

Darf ich rauchen?

Vous permettez que je fume?
[wu pärmä**te** kö ~~sch~~ö füm]

Reklamieren

Das habe ich nicht bestellt!

Ce n'est pas ce que j'ai commandé!
[ßnä pa ßkö ~~sch~~ä kɔmã**de**]

Haben Sie mein Essen/mein Getränk vergessen?

Avez-vous oublié mon repas/ma boisson?
[a**we** wu ubli**e** mõ rö**pa**/ma boa**ßõ**]

Bringen Sie uns bitte noch	**S'il vous plaît, apportez-nous encore** [ßil wu plä apo**rte** nus‿ã**kor**]
Besteck	un couvert [ẽ ku**wär**]
ein Messer/eine Gabel	un couteau/une fourchette [ẽ ku**to**/ün fur**schät**]
einen (kleinen) Löffel	une (petite) cuillère [ün (ptit) küi**jär**]
einen Teller	une assiette [ün aß**jät**]
ein Glas	un verre [ẽ wär]
Essig und Öl	du vinaigre et de l'huile [dü wi**nägr**‿e dö lüil]
Salz und Pfeffer	du sel et du poivre [dü ßäl‿e dü po**avr**]
Servietten	des serviettes [de ßärw**jät**]
einen Aschenbecher.	un cendrier. [ẽ ßãdri**e**]

Es tut mir leid, aber	**Désolé, mais** [desɔ**le** mä]
die Suppe ist kalt	la soupe est froide [la ßup‿ä fro**ad**]
das Essen ist kalt	le repas est froid [lö rö**pa** ä fro**a**]
das Fleisch ist zäh/ist nicht durch.	la viande est dure/n'est pas assez cuite. [la wi**ãd**‿ä dür/nä pas‿a**ße** küit]
Ich glaube, die Rechnung stimmt nicht.	Je crois qu'il y a une erreur dans l'addition. [sehö kro**a** kil**ja** ün‿ä**rör** dã ladi**ßjõ**]
Was ist das?	Qu'est-ce que c'est? [käßk ßä]
Das habe ich nicht gehabt!	Je n'ai pas eu cela! [sehö nä pas‿ü ßla]

Bezahlen

Zahlen!/Die Rechnung bitte!	L'addition, s'il vous plaît! [ladi**ßjõ** ßil wu plä]
Ich zahle alles zusammen.	Je payerai le tout. [sehö pä**örä** lö tu]
Wir zahlen getrennt.	Nous payerons chacun notre part. [nu pä**örõ** scha**kẽ** nɔtr par]
Ich möchte eine Quittung, bitte.	Je voudrais avoir un reçu, s'il vous plaît. [sehö wu**dräs**‿avo**ar**‿ẽ rö**ßü** ßil wu plä]
* Vous avez aimé? [wus‿awe ä**me**]	Hat es geschmeckt?
Danke, es war sehr gut.	Merci, c'était très bon. [mär**ßi** ße**tä** trä bõ]
Das ist für Sie.	Voici pour vous. [woa**ßi** pur wu]
Stimmt so!	Gardez la monnaie! [gar**de** la mɔ**nä**]

A votre santé

Vor dem Essen trinkt man gerne einen Apéritif. Sehr oft wird er noch an der Bar des Restaurants eingenommen. Abgerundet wird die Mahlzeit mit einem Kaffee oder einem **digestif** [di**sehäßtif**]. Vor dem Trinken wünscht man sich **à votre santé** [a wɔtr ßã**te**] *(auf Ihr/Euer Wohl)* oder **à ta santé** [a ta ßã**te**] *(auf Dein Wohl).* Sie antworten mit **à la vôtre** [a la wotr] *(auf das Ihre/Eure)* oder **à la tienne** [a la tjän] *(auf das Deine).*

Bei französischen Weinen unterscheidet man den **vin de pays** [wẽ dö pei] *(Landwein),* den **vin de table** [wẽ dö tabl] *(Tischwein),* den **vin délimité de qualité supérieure** [wẽ delimi**te** dö kali**te** ßüperi**ör**] **(V. D. Q. S.)** (Wein von gehobener Qualität mit kontrollierter Ursprungsbezeichnung) und den **vin appelation d'origine contrôlée** [wẽ apäla**ßjõ** dori**sehin** kõtro**le**] **(A. O. C.)** (die großen Weine Frankreichs; Abfüllungen der Schlösser und Domänen).

Die Speisekarte

Petit déjeuner	**Frühstück**
beurre [bör]	Butter
biscottes [bißkɔt]	Zwieback
cacao [kakao]	Kakao
café (noir) [kafe (noar)]	(schwarzer) Kaffee
au/sans lait [o/ßã lä]	mit/ohne Milch
décaféiné [dekafeine]	koffeinfrei
sucré/avec du sucre allégé [ßükre/awäk dü ßükr‿alesche]	mit Zucker/mit Süßstoff
charcuterie [scharkütri]	Wurst
chocolat [schɔkɔla]	Schokolade
confiture [kõfitür]	Marmelade
croissant [kroaßã]	Hörnchen
fromage [frɔmasch]	Käse
jambon (cru/cuit) [schãbõ (krü/küi)]	(roher/gekochter) Schinken
jus d'orange [schü dɔrãsch]	Orangensaft
lait (chaud/froid) [lä (scho/froa)]	(warme/kalte) Milch
miel [mjäl]	Honig
muesli [müäßli]	Müsli
œuf à la coque [öf‿a la kɔk]	weichgekochtes Ei
œuf brouillé [öf bruije]	Rührei
œuf sur le plat [öf ßür lö pla]	Spiegelei
omelette [ɔmlät]	Omelette
pain [pẽ]	Brot
pain complet [pẽ kõplä]	Vollkornbrot
thé [te]	Tee
au citron/au lait [o ßitrõ/o lä]	mit Zitrone/mit Milch
tisane [tisan]	Kräutertee
Casse-croûte	**Kleine Mahlzeiten**
croque-monsieur [krɔk mößjö]	Schinken-Käse-Toast
frites [frit]	Pommes frites
avec du ketchup/avec de la mayonnaise [awäk dü kätschöp/awäk dö la majɔnäs]	mit Ketchup/ mit Mayonnaise
hamburger [ãbürgär]	Hamburger
hot-dog [ɔt dɔg]	Hot dog
omelette [ɔmlät]	Omelette
sandwich [ßãdwisch]	Sandwich
au fromage [o frɔmasch]	mit Käse
au jambon/au saucisson [au schãbõ/o ßoßißõ]	mit Schinken/mit Wurst
saucisses [ßoßiß]	Würstchen
Hors-d'œuvre	**Kalte Vorspeisen**
assiette de charcuterie [aßjät dö scharkütri]	Wurstplatte
crudités [krüdite]	Rohkostteller
hors-d'œuvre variés [ɔr dövr warie]	gemischte Vorspeisen
salade aux fruits de mer [ßalad o frü̈i dö mär]	Meeresfrüchtesalat
salade niçoise [ßalad nißoas]	Nizzasalat

Entrées	**Warme Vorspeisen**
cuisses de grenouilles [küi**ß** dö grö**nuj**]	Froschschenkel
escargots [äßkar**go**]	Weinbergschnecken
quenelles de brochet [kö**näl** dö brɔ**schä**]	Hechtklößchen
quiche lorraine [kisch lɔ**rän**]	Quiche (Speckkuchen)
tarte à l'oignon [tart‿a lɔ**njõ**]	Zwiebelkuchen
tomates farcies [tɔ**mat** far**ßi**]	gefüllte Tomaten

Soupes et potages	**Suppen**
bouillabaisse [buija**bäß**]	Fischsuppe
pot-au feu [pɔt‿o fö]	Gemüse-Fleisch-Eintopf
potage du jour [pɔ**tasch** dü schur]	Tagessuppe
soupe à l'ail [ßup‿a laj]	Knoblauchsuppe
soupe à l'oignon [ßup‿a lɔ**njõ**]	Zwiebelsuppe
velouté d'asperges [wölu**te** daß**pärsch**]	Spargelcremesuppe
velouté de tomates [wölu**te** dö to**mat**]	Tomatensuppe
velouté de volailles [wölu**te** dö wɔ**laj**]	Geflügelcremesuppe

Poissons et fruits de mer	**Fische und Meeresfrüchte**
anchois [ãscho**a**]	Anschovis (kleine Sardelle)
brochet [brɔ**schä**]	Hecht
cabillaud [kabi**jo**]	Kabeljau
calmars (frits) [kal**mar** (fri)]	(panierte) Tintenfischringe
carpe (farcie) [karp (far**ßi**)]	(gefüllter) Karpfen
crevettes [krö**wät**]	Garnelen
crustacés [krüßta**ße**]	Krustentiere
écrevisse [ekrö**wiß**]	Krebs
hareng [a**rã**]	Hering
homard [ɔ**mar**]	Hummer
langouste [lã**gußt**]	Languste
maquereau [ma**kro**]	Makrele
morue [mɔ**rü**]	Stockfisch
moules [mul]	Miesmuscheln
poisson [poa**ßõ**]	Fisch
au court-bouillon/au four/frit/grillé [o kur bui**jõ**/o fur/fri/gri**je**]	gekocht/gebacken/ fritiert/gegrillt
sardines [ßar**din**]	Sardinen
saumon [ßo**mõ**]	Lachs
fumé/poché [fü**me**/pɔ**sche**]	geräuchert/gekocht
thon [tõ]	Thunfisch
truite [trü**it**]	Forelle

Viande	**Fleisch(gerichte)**
agneau [an**jo**]	Lamm
bifteck [bif**täk**]	Steak
à point/bien cuit [a poẽ/bjẽ küi]	englisch/durchgebraten
blanquette de veau [blã**kät** dö wo]	Kalbsragout
bœuf [böf]	Rind
bœuf bourguignon [böf burgin**jõ**]	Rindsgulasch in Rotwein
cassoulet [kaßu**lä**]	Fleischeintopf
choucroute garnie [schu**krut** gar**ni**]	Sauerkraut mit Würstchen und Schweinefleisch

cochon de lait [koschõ dö lä]	Spanferkel
côte de bœuf [kotlät dö böf]	Rindskotelett
escalope (panée) [äßkalop (pane)]	(paniertes) Schnitzel
faux-filet [fo filä]	Lende
foie [foa]	Leber
gigot à l'agneau [schigo a lanjo]	Lammkeule
gigot à la bretonne [schigo a la bröton]	Lammkeule mit weißen Bohnen
mouton [mutõ]	Hammel
porc [por]	Schwein
rognons [ronjõ]	Nieren
rôti [roti]	Braten
steak au poivre vert [ßtäk‿o poavr wär]	Steak mit grünem Pfeffer
tournedos [turnödo]	Filet
tripes [trip]	Kutteln (Innereien)
veau [wo]	Kalb
viande hachée [wiãd asche]	Hackfleisch
Volaille/Gibier	**Geflügel/Wild**
caille [kaj]	Wachtel
canard [kanar]	Ente
(selle de) chevreuil [(ßäl dö) schövröj]	Reh(rücken)
coq [kok]	Hahn
dinde [dẽd]	Truthahn
faisan [fösã]	Fasan
lapin [lapẽ]	Kaninchen
lièvre [ljävr]	Hase
oie [oa]	Gans
perdrix [pärdri]	Rebhuhn
pigeon [pischõ]	Taube
pintade [pẽtad]	Perlhuhn
poulet [pulä]	Huhn
sanglier [ßãglie]	Wildschwein
Garnitures	**Beilagen**
frites [frit]	Pommes frites
nouilles [nuj]	Nudeln
pain [pẽ]	Brot
pommes dauphines [pom dofin]	Kroketten
pommes de terre (sautées/à l'anglaise) [pom dö tär (ßote/a lãgläs)]	(Brat-/Salz-)Kartoffeln
riz [ri]	Reis
Salades et légumes	**Salat und Gemüse**
ail [aj]	Knoblauch
artichaut [artischo]	Artischocke
asperges [aßpärsch]	Spargel
aubergine (farcie) [obärschin (farßi)]	(gefüllte) Aubergine
bette [bät]	Mangold
carottes [karot]	Karotten
céleri [ßelri]	Sellerie
champignons [schãpinjõ]	Pilze

champignons de Paris [schãpin**jõ** dö pa**ri**]	Champignons
chou [schu]	Kohl
chou de Bruxelles [schu dö brü**xäl**]	Rosenkohl
chou-fleur [schu flör]	Blumenkohl
concombre [kö**kõbr**]	Gurke
courgettes [kur**sehät**]	Zucchini
épinards [epi**nar**]	Spinat
fenouil [fö**nuj**]	Fenchel
haricots (verts/blancs) [ari**ko** (wär/blã)]	(grüne/weiße) Bohnen
laitue [lä**tü**]	Kopfsalat
(épi de) maïs [(**epi** dö) mai**ß**)]	Mais(kolben)
oignon [ɔ**njõ**]	Zwiebel
piment [pi**mã**]	Peperoni
pois [po**a**]	Erbsen
poivron [poa**vrõ**]	Paprikaschote
salade (composée) [ßa**lad** (kõpo**se**)]	(gemischter) Salat
tomate [tɔ**mat**]	Tomate
Fromages	**Käse**
fromage de brebis [frɔ**maseh** dö brö**bi**]	Schafskäse
fromage de chèvre [frɔ**maseh** dö schävr]	Ziegenkäse
fromage frais [frɔ**maseh** frä]	Frischkäse
fromage rapé [frɔ**maseh** ra**pe**]	geriebener Käse
gruyère [grü**jär**]	Hartkäse
munster [munß**tär**]	aromatischer Käse
roquefort [rɔk**fɔr**]	(Blau-)Schimmelkäse
tomme de Savoie [tɔm dö ßawo**a**]	zarter halbweicher Käse aus Kuhmilch
Desserts	**Nachspeisen**
chantilly [schãti**ji**]	Schlagsahne
crêpe (suzette) [kräp (ßü**sät**)]	dünner Pfannkuchen (flambiert)
flan [flã]	Pudding
fruits (de saison) [frü**i** (dö ßä**sõ**)]	Obst (der Jahreszeit entsprechend)
gâteau [ga**to**]	Kuchen
glace (panachée) [glaß (pana**sche**)]	(gemischtes) Eis
mousse au chocolat [mußˬo schɔkɔ**la**]	Schokoladencreme
sabayon [ßaba**jõ**]	Weincreme
salade de fruits [ßa**lad** dö frü**i**]	Obstsalat
tarte aux framboises [tartˬo frãbo**as**]	Himbeertorte
tarte aux pommes [tartˬo pɔm]	Apfelkuchen

▶ **(Obst siehe Einkaufen, S. 62.)**

Glaces	**Eis**
café liégeois [ka**fe** ljeseh**oa**]	Eiskaffee
coupe de fruits [kup dö frü**i**]	Früchte-Eis-Becher
glace panachée [glaß pana**sche**]	gemischtes Eis
avec de la chantilly [a**wäk** dö la schãti**ji**]	mit Sahne

glace [glaß]	Eis
parfum banane [parfẽ ba**nan**]	Bananen-
parfum chocolat [parfẽ schɔkɔ**la**]	Schokoladen-
parfum citron [parfẽ ßi**trõ**]	Zitronen-
parfum fraise [parfẽ fräs]	Erdbeer-
parfum framboise [parfẽ frãbo**as**]	Himbeer-
parfum noisette [parfẽ noa**sät**]	Nuß-
parfum pistache [parfẽ piß**tasch**]	Pistazien-
parfum vanille [parfẽ va**nij**]	Vanille-

Die Getränkekarte

Boissons alcoolisées	**Alkoholische Getränke**
apéritif [aperi**tif**]	Aperitif
bière [bjär]	Bier
à la pression [a la prä**ßjõ**]	vom Faß
blonde/brune [blõd/brün]	helles/dunkles
sans alcool [ßãs‿al**kɔl**]	alkoholfreies
champagne [schã**panj**]	Champagner
cidre [ßidr]	Apfelwein
cognac [kɔn**jak**]	Kognak
eau-de-vie [o dö wi]	Schnaps
gin [dsehin]	Gin
liqueur [li**kör**]	Likör
porto [pɔr**to**]	Portwein
punch [põsch]	Punsch
rhum [rɔm]	Rum
sherry [sche**ri**]	Scherry
vermouth [wär**mut**]	Wermut
vin [wẽ]	Wein
blanc/rosé/rouge [blã/ro**se**/rus**eh**]	weiß/rosé/rot
brut/doux/léger [brüt/du/le**sehe**]	herb/lieblich/leicht
demi-sec/sec [dö**mi** ßäk/ßäk]	halbtrocken/trocken
vin chaud [wẽ scho]	Glühwein
whisky [uiß**ki**]	Whisky
soda/avec glaçons [ßo**da**/a**wäk** gla**ßõ**]	-Soda/mit Eis

Boissons fraîches	**Erfrischungsgetränke**
citron (pressé) [ßi**trõ** (prä**ße**)]	Zitrone (natur)
eau [o]	Wasser
eau minérale [o mine**ral**]	Mineralwasser
gazeuse [ga**sös**]	mit Kohlensäure
naturelle [natü**räl**]	ohne Kohlensäure
frappé [fra**pe**]	Milchmixgetränk
jus d'orange [sehü dɔ**räseh**]	Orangensaft
pressé [prä**ße**]	frisch gepreßt
jus de fruits [sehü dö **früi**]	Fruchtsaft
limonade [limɔ**nad**]	Limonade
tonic [tɔ**nik**]	Tonic

▶ (Warme Getränke siehe Frühstück, S. 44.)

Stolz ist die Nation auf ihre Kunstschätze, wie hier im Louvre von Paris

Besichtigung

Touristeninformation

Gibt es hier	**Y a-t-il ici** [ja**til**‿ißi]
ein Fremdenverkehrsamt	un syndicat d'initiative [ẽ ßẽdi**ka** dinißja**tiv**]
eine Informationsstelle	un bureau de renseignements [ẽ bü**ro** dö rãßänjö**mã**]
organisierte Führungen	des visites guidées [de wi**sit** gi**de**]
Stadtrundfahrten?	des tours de ville organisés? [de tur dö wil organi**se**]
Haben Sie	**Avez-vous** [a**we** wu]
einen Stadtplan	un plan de ville [ẽ plã dö **wil**]
eine Karte der Innenstadt/der Umgebung	un plan du centre de la ville/des alentours [ẽ plã dü ßãtr dö la wil/des‿alã**tur**]
einen U-Bahnplan	un plan de métro [ẽ plã dö me**tro**]
Prospektmaterial	des prospectus [de proßpäk**tüß**]
ein Hotelverzeichnis	une liste des hôtels [ün lißt des‿o**täl**]
ein Restaurantverzeichnis	une liste des restaurants [ün lißt de räßto**rã**]
einen Veranstaltungskalender	un programme des spectacles [ẽ pro**gram** de ßpäk**takl**]
für diese Woche?	pour cette semaine? [pur ßät ßmän]
Können Sie für mich ein Zimmer reservieren?	Vous pourriez me faire réserver une chambre? [wu puri**e** mö fär resär**we** ün schãbr]
Welche Sehenswürdigkeiten gibt es hier?	Qu'est-ce qu'il y a d'intéressant à voir ici? [käßkil**ja** dẽterä**ßã** a wo**ar**‿i**ßi**]

Besichtigung

Abtei	l'abbaye *(f)* [la**bäi**]
Altar	l'autel *(m)* [lo**täl**]
antik	antique [ã**tik**]
Arena	l'arène *(f)* [la**rän**]
Ausgrabungen	les fouilles *(f)* [le fuj]
Aussicht	la vue [la wü]
barock	baroque [ba**rɔk**]
Bauwerk	le monument [lö mɔnü**mã**]
Berg	le mont [lö mõ]
Bild	l'image *(f)* [li**masch**]
Botanischer Garten	le jardin des plantes [lö schar**dẽ** de plãt]
Brauchtum	l'usage *(m)* [lü**sasch**]
Brücke	le pont [lö põ]
Burg	le château fort [lö scha**to** fɔr]
Dach	le toit [lö to**a**]
Deckenmalerei	la fresque de plafond [la fräßk dö pla**fõ**]
Denkmal	le monument [lö mɔnü**mã**]
Dom	la cathédrale [la kate**dral**]
Epoche	l'époque *(f)* [le**pɔk**]
Exponat	l'exponat *(m)* [läxpo**na**]
Festung	la forteresse [la fɔr**träß**]
Friedhof	le cimetière [lö ßim**tjär**]
Fußgängerzone	la zone piétonne [la son pje**tɔn**]
Garten	le jardin [lö schar**dẽ**]
Gasse	la ruelle [la rü**äl**]
Gebäude	le bâtiment [lö bati**mã**]
Gemälde	le tableau [lö ta**blo**]
Geschichte	l'histoire *(f)* [lißto**ar**]
Glasmalerei	la peinture sur verre [la pẽ**tür** ßür wär]
gotisch	gothique [gɔ**tik**]
Grab(mal)	le tombeau [lö tõ**bo**]
Grotte/Höhle	la grotte [la grɔt]
Grünanlage	l'espace *(m)* vert [läß**paß** wär]
Hafen	le port [lö pɔr]
Hof	la cour [la kur]
Inschrift	l'inscription *(f)* [lẽßkrip**ßjõ**]
Insel	l'île *(f)* [lil]
Jahrhundert	le siècle [lö ßjäkl]
Katakomben	les catacombes *(f)* [le kata**kõb**]
Kirche	l'église *(f)* [le**glis**]
Kloster	le couvent [lö ku**vã**]
Kopie	la copie [la kɔ**pi**]
Kreuz	la croix [la kro**a**]
Künstler(in)	l'artiste [lar**tißt**]

Kunst	l'art *(m)* [lar]
Kunstgewerbe	les arts décoratifs [les‿ar dekɔra**tif**]
Landschaft	le paysage [lö pei**sasch**]
Maler	le peintre [lö pẽtr]
Malerei	la peinture [la pẽ**tür**]
Markt	le marché [lö mar**sche**]
mittelalterlich	médiéval [medie**wal**]
Moschee	la mosquée [la mɔ**ßke**]
Nationalpark	le parc national [lö park naßjɔ**nal**]
Naturschutzgebiet	la zone de protection de la nature [la son dö prɔtäk**ßjõ** dö la na**tür**]
Opernhaus	l'opéra *(m)* [lɔpe**ra**]
Orgel	l'orgue *(m)* [lɔrg]
Original	l'original *(m)* [lɔrisch**inal**]
Park	le parc [lö park]
Plastik	la sculpture [la ßkülp**tür**]
Platz	la place [la plaß]
prähistorisch	préhistorique [preißtɔ**rik**]
Rathaus	la mairie [la mä**ri**]
Renaissance	la renaissance [la rönä**ßãß**]
restaurieren	restaurer [räßtɔ**re**]
romanisch	roman [rɔ**mã**]
Rundblick	le panorama [lö panɔra**ma**]
Ruine	la ruine [la rü**in**]
Schloß	le château [lö scha**to**]
Schlucht	la gorge [la gɔr**sch**]
See	le lac [lö lak]
Sehenswürdigkeiten	les curiosités *(f)* [le küriosi**te**]
Skulptur	la sculpture [la ßkülp**tür**]
Stadtmauer	le rempart [lö rã**par**]
Statue	la statue [la ßta**tü**]
Stil	le style [lö ßtil]
Synagoge	la synagogue [la ßina**gɔg**]
Tal	la vallée [la wa**le**]
Tempel	le temple [lö tãpl]
Theater	le théâtre [lö te**atr**]
Tor	la porte [la pɔrt]
Turm	la tour [la tur]
Überreste	les vestiges *(m)* [le wäß**tisch**]
Wald	la forêt [la fɔ**rä**]
Wasserfall	la cascade [la kaß**kad**]
Weinbaugebiet	la région viticole [la re**schjõ** witi**kɔl**]
Weinprobe	la dégustation de vins [la degüßta**ßjõ** dö wẽ]
Zeichnung	le dessin [lö de**ßẽ**]
Zoo	le jardin zoologique [lö schar**dẽ** sɔɔlɔ**schik**]

Sehenswertes

Ich möchte/Wir möchten … besichtigen.	**J'aimerais/Nous aimerions visiter** [~~sch~~ämr**ä**/nus‿ämöri**õ** wisi**te**]
die Kathedrale/die Kirche	la cathédrale/l'église [la kate**dral**/le**glis**]
den Palast	le palais [lö pa**lä**]
das Schloß	le château. [lö scha**to**]
Wann ist die Ausstellung/ das Museum geöffnet?	Quelles sont les heures d'ouvertures de l'exposition/du musée? [käl ßõ les‿ör duvär**tür** dö läxposi**ßjõ**/dü mu**se**]
Gibt es eine (deutsche/ englische) Führung?	Est-ce qu'il y a une visite guidée (en allemand/en anglais)? [äßkil**ja** ün wi**sit** gi**de** (ãn‿al**mã**/ãn‿ã**glä**)]
Wann beginnt/Was kostet sie?	La visite est à quelle heure/à quel prix? [la wi**sit** ät‿a käl‿ör/a käl pri]
Wie lange dauert die Besichtigung?	La visite dure combien de temps? [la wi**sit** dür kõ**bjẽ** dö tã]
1/2 Karte(n) bitte, für Erwachsene/Kinder.	Un/Deux billet(s) pour adultes/enfants, s'il vous plaît. [ẽ/dö bi**jä** pur‿a**dült**/ã**fã** ßil wu plä]
Gibt es eine Ermäßigung für Kinder/Studenten/Senioren?	Y a-t-il un tarif réduit pour enfants/étudiants/ le troisième âge? [ja**til** ẽ ta**rif** re**düi** pur‿ã**fã**/ etü**djã**/lö troa**sjäm**‿a~~sch~~]
* Fermé pour rénovation. [fär**me** pur renɔwa**ßjõ**]	Wegen Renovierung geschlossen.
* Photographies interdites! [fɔtɔgra**fi** ẽtär**dit**]	Fotografieren verboten!
Darf ich hier filmen?	Je peux filmer ici? [~~sch~~ö pö fil**me** i**ßi**]
Haben Sie einen Katalog/ Führer in deutscher Sprache?	Vous avez un catalogue/guide en allemand? [wus‿a**we** ẽ kata**lɔg**/gid ãn‿al**mã**]

Ausflüge

Wieviel kostet die Fahrt nach …?	Quel est le prix d'un tour à …? [käl‿ä lö pri dẽ tur‿a]
Ist das Essen/Sind die Eintrittspreise extra zu bezahlen?	Les repas/Les billets d'entrée sont en plus? [le rö**pa**/le bi**jä** dã**tre** ßõt‿ã **plüß**]
Bitte zwei Plätze für den Ausflug nach …, heute/morgen/ um 10 Uhr.	S'il vous plaît, deux places pour l'excursion à … aujourd'hui/demain/à dix heures. [ßil wu plä dö plaß pur läxkür**ßjõ** a … o~~sch~~ur**düi**/ dö**mẽ**/a dis‿ör]
Wann/Wo ist der Treffpunkt?	Quand/Où est-ce qu'on se rencontre? [kã/u äßk‿õ ßö rã**kõtr**]
Wann kommen wir zurück?	Quand est-ce qu'on va retourner? [kãt‿äßk‿õ wa rötur**ne**]
Haben wir	**Aurons-nous** [or**õ** nu]
Zeit für Einkäufe?	du temps pour faire des achats? [dü tã pur fär des‿a**scha**]
Besichtigen wir auch …?	Est-ce qu'on va aussi visiter …? [äßk‿õ wa o**ßi** wisi**te**]

Nicht nur an der Côte d'Azur kommen die Segler voll auf ihre Kosten

Urlaub aktiv

Am Strand, im Schwimmbad

Gibt es hier	**Y a-t-il ici** [ja**til**‿ißi]
ein Freibad/ein Hallenbad	une piscine en plein air/une piscine couverte [ün piß**in**‿ã plän‿är/ün piß**in** ku**wärt**]
einen Bootsverleih?	une location de barques? [ün lokaß**jõ** dö bark]
Wie weit ist es zum Strand?	La plage est loin? [la plasch‿ä lo**ẽ**]
Wann ist Ebbe/Flut?	La marée haute/La marée basse est à quelle heure? [la ma**re** ot/la ma**re** baß ät‿a käl‿ör]
Ist die Strömung (für Kinder) gefährlich?	Y a-t-il des courants dangereux (pour enfants)? [ja**til** de ku**rã** dan**schrö** (pur ã**fã**)]
Gibt es Quallen/Seeigel im Wasser?	Y a-t-il des méduses/des oursins dans l'eau? [ja**til** de me**düs**/de ur**ßẽ** dã lo]
Ich möchte/Wir möchten ... mieten.	**Je voudrais/Nous voudrions louer** [schö wu**drä**/nu wudri**õ** lue]
ein Tretboot/Motorboot/Ruderboot/Segelboot	un pédalo/un canot à moteur/une barque à rames/un voilier [ẽ peda**lo**/ẽ ka**no** a mo**tör**/ün bark‿a ram/ẽ voa**lje**]
einen Liegestuhl	une chaise longue [ün schäs lõg]
ein Surfbrett	une planche à voile [ün plãsch‿a vo**al**]
Wasserski	des skis nautiques. [de ßki no**tik**]
Was kostet das	**Quel est le tarif** [käl‿ä lö ta**rif**]
pro (halbe) Stunde	par (demi-)heure [par (dö**mi**) ör]
pro Tag	à la journée [a la schur**ne**]
für eine Woche?	à la semaine? [a la ßmän]
Ich bin Anfänger(in)/Fortgeschrittene(r).	Je suis débutant (débutante)/avancée (avancé). [schö ßüi debü**tã** (debü**tãt**)/awã**ße**]

Warnschilder

Avertissement de tempête	Sturmwarnung
Baignade interdite!	Baden verboten!
dangereux	gefährlich
Défense de sauter!	Springen verboten!
Interdit aux non-nageurs!	Nichtschwimmer halt!
Pour les nageurs seulement!	Nur für Schwimmer!

Gibt es hier	**Y a-t-il ici** [ja**til**‿i**ßi**]
Segelkurse/-schulen	des cours/des écoles de voile [de kur/des‿**ekɔl** dö vo**al**]
Surfkurse	des cours de surf [de kur dö ßörf]
Tauchkurse?	des cours de plongée sous-marine? [de kur dö plõ~~sch~~**e** ßuma**rin**]

Sportarten

Gibt es hier	**Y a-t-il ici** [ja**til**‿i**ßi**]
Fahrräder zu mieten	des bicyclettes à louer [de bißi**klät**‿a lu**e**]
einen (Mini-)Golfplatz	un terrain de golf (miniature) [ẽ tä**rẽ** dö gɔlf (minja**tür**)]
einen Tennisplatz	un court de tennis [ẽ kur dö tä**niß**]
ein Eisstadion?	une patinoire? [ün patino**ar**]
Wo kann man hier	**Où est-ce qu'on peut** [u äßk‿õ pö]
Kajak fahren	faire du kajak [fär dü ka**jak**]
kegeln/reiten	jouer aux quilles/faire du cheval [~~sch~~**ue** o kij/fär dü sch**wal**]
Squash/Tischtennis/Tennis spielen?	jouer au squash/ping-pong/tennis? [~~sch~~**ue** o ßkwɔsch/ping pɔng/tä**niß**]
Wo kann ich hier einen … belegen?	**Où est-ce que je peux m'inscrire à** [u äßk ~~sch~~ö pö mẽ**ßkrir**‿a]
Tenniskurs	un cours de tennis [ẽ kur dö tä**niß**]
Skikurs	un cours de ski [ẽ kur dö ß**ki**]
Snowboardkurs	un cours de monoski? [ẽ kur dö mɔnɔ**ßki**]
Darf man hier angeln/baden?	On a le droit de pêcher/de se baigner ici? [õn‿a lö dro**a** dö pä**sche**/dö ßö bän**je** i**ßi**]
Ich möchte/Wir möchten … leihen.	**Je voudrais/Nous voudrions louer** [~~sch~~ö wu**drä**/nu wudri**õ** lu**e**]
Langlaufski/Abfahrtski	des skis de fond/des skis de descente [de ßki dö fõ/de ßki dö dö**ßãt**]
Schlittschuhe	des patins [de pa**tẽ**]
einen Tennisschläger	une raquette de tennis. [ün ra**kät** dö tä**niß**]
Ich möchte einen Skipaß für einen (halben) Tag/ eine Woche.	Je voudrais un forfait pour une (demi-)journée/ une semaine. [~~sch~~ö wu**dräs**‿ẽ fɔr**fä** pur‿ün (dö**mi**) ~~sch~~u**rne**/ ün ßm**än**]

Spielen Sie Schach?	Vous jouez aux échecs? [wu ~~sch~~**ues**‿os‿e**schäk**]
Kann ich mitspielen?	Puis-je jouer avec vous? [pü**i~~sch~~** ~~sch~~u**e** a**wäk** wu]
Ich möchte/Wir möchten ... sehen.	**Je voudrais/Nous voudrions voir** [~~sch~~ö wu**drä**/nu wudri**õ** wo**ar**]
das Tennis-/Fußballspiel	le match de tennis/de football [lö matsch dö tä**niß**/dö fut**bɔl**]
den Wettkampf	la compétition [la kõpeti**ßjõ**]
das (Rad-/Ski-)Rennen	la course (cycliste/de ski) [la kurß (ßi**klißt**/dö ßki)]
die Regatta	la régate. [la re**gat**]
Wann beginnt die Veranstaltung?	Quand est-ce que le spectacle va commencer? [kãt‿äßk lö ßpäk**takl** wa kɔmã**ße**]
Wo findet sie statt?	Où est-ce qu'il aura lieu? [u äßk‿il‿ɔ**ra** ljö]

Urlaub aktiv

Aerobic	l'aérobic [laerɔ**bik**]
Ausritt	la sortie à cheval [la ßɔr**ti** a schwal]
Ball	le ballon [lö ba**lõ**]
Basketball	le basketball [lö baßkät**bɔl**]
Billiard	le billard [lö bi**jar**]
Bucht	la baie [la bä]
Federball	le badminton [lö badmin**ton**]
Fitneßcenter	le centre d'activités sportives [lö ßãtr daktiwi**te** ßpɔr**tiv**]
Gymnastik	la gymnastique [la ~~sch~~imna**ßtik**]
Jogging	le jogging [lö **~~sch~~ɔging**]
Langlauf	le ski de fond [lö ßki dö fõ]
Lawinengefahr	le danger d'avalanche [lö dãn**~~sch~~e** dawa**lãsch**]
Loipe	la piste de fond [la pißt dö fõ]
Muscheln	le coquillage [lö kɔki**ja~~sch~~**]
Pferd	le cheval [lö schwal]
Pony	le poney [lö pɔ**nä**]
Sauna	le sauna [lö ßo**na**]
Schlauchboot	le canot pneumatique [lö ka**no** pnöma**tik**]
Schlitten	la luge [la lü~~sch~~]
Schnee	la neige [la nä~~sch~~]
schnorcheln	nager avec un tube respiratoire [na**~~sch~~e** a**wäk**‿ẽ tüb räßpirato**ar**]
Schwimmflossen	les palmes *(f)* [le palm]
Schwimmflügel	les brassards *(m)* [le bra**ßar**]
Sonnencreme	la crème solaire [la kräm ßɔ**lär**]
Spielplatz	le terrain de jeu [lö tä**rẽ** dö ~~sch~~ö]
Sturm	la tempête [la tã**pät**]
Taucherausrüstung	l'équipement *(m)* de plongée [lekip**mã** dö plõ**~~sch~~e**]
Umkleidekabine	le vestiaire [lö wäß**tjär**]
Volleyball	le volleyball [lö wɔlä**bɔl**]
Welle	la vague [la wag]

Natur, Umwelt, Erlebnisreisen

Wir möchten	**Nous voudrions faire** [nu wudriõ fär]
radwandern	un tour en vélo [ẽ tur‿ã we**lo**]
wandern	une excursion pédestre [ün äxkür**ßjõ** pe**däßtr**]
eine Bergtour machen	une promenade en montagne [ün prɔm**nad**‿ã mõ**tanj**]
durch das Naturschutzgebiet wandern	une promenade à travers la réserve [ün prɔm**nad**‿a tra**wär** la re**särv**]
durch den Nationalpark wandern.	une promenade à travers le parc national. [ün prɔm**nad**‿a tra**wär** lö park naßjɔ**nal**]
Haben Sie eine	**Avez-vous une** [a**we** wu ün]
Wanderkarte	carte de randonnée pédestre [kart dö rãdɔ**ne** pe**däßtr**]
Radwanderkarte?	carte de randonnée cycliste? [kart dö rãdɔ**ne** ßi**klißt**]
Ist die Tour	**Le tour est** [lö tur‿ä]
leicht/schwer	facile/difficile [fa**ßil**/difi**ßil**]
gut markiert?	bien marqué? [bjẽ mar**ke**]
Ist die Tour für Kinder geeignet?	Le tour convient aux enfants? [lö tur kõ**wjẽ** os‿ã**fã**]
Wie lange dauert die Tour?	On met combien de temps pour faire ce tour? [õ mä kõ**bjẽ** dö tã pur fär ßö tur]
Ist dies der richtige Weg nach …?	Est-ce le bon chemin pour aller à …? [äß lö bõ schmẽ pur‿**ale** a]
Wie weit ist es noch bis …?	…, c'est à combien de kilomètres? [ßät‿a kõ**bjẽ** dö kilɔ**mätr**]

Reisen kreativ

Ich möchte … belegen.	**Je voudrais m'inscrire à** [~~sch~~ö wu**drä** mẽ**ßkrir** a]
einen Sprachkurs	un cours de langues [ẽ kur dö lãg]
einen Koch-/Malkurs	un cours de cuisine/de dessin [ẽ kur dö küi**sin**/dö de**ßẽ**]
einen Theater-/Tanz-Workshop	un cours de théâtre/de danse. [ẽ kur dö te**atr**/dö dãß]
Sind noch Plätze frei?	Est-ce qu'il y a encore des places libres? [äßkil**ja** ã**kɔr** de plaß libr]
Wo findet der Kurs/das Seminar statt?	Où est-ce que le cours/le séminaire aura lieu? [u äßk lö kur/lö ßemi**när** o**ra** ljö]
Wieviele Teilnehmer hat der Kurs?	Il y a combien de participants? [il**ja** kõ**bjẽ** dö partißi**pã**]
Wieviel kostet der Kurs?	Combien est-ce qu'il me faudra payer pour le cours? [kõ**bjẽ** äßk‿il mö fo**dra** pä**je** pur lö kur]
Gibt es eine Kinderbetreuung?	Est-ce que les enfants seront pris en charge? [äßk les‿ã**fã** ßrõ pris‿ã schar~~sch~~]
Ich habe/Ich habe keine (guten) Vorkenntnisse.	J'ai des/Je n'ai pas de (bonnes) connaissances. [~~sch~~ä de/~~sch~~ö nä pa dö (bɔn) kɔnä**ßãß**]

Warum nicht mal bei einem großen Sommerfest auf der Straße tanzen?

Unterhaltung

Kino, Theater, Oper und Konzert

Welche Filme laufen heute/morgen im Kino?
Qu'est-ce qu'on donne au cinéma aujourd'hui/demain? [käßk‿õ dɔn‿o ßine**ma** oschur**düi**/dö**mẽ**]

Ist der Film
synchronisiert
in Originalversion
mit Untertiteln?

Le film est [lö film‿ä]
doublé [du**ble**]
en version originale [ã wär**ßjõ** ɔrischi**nal**]
sous-titré? [ßuti**tre**]

Wann beginnt
die Vorstellung
der Hauptfilm
das Konzert
die Matinee
die Ballettaufführung
das Kabarett
die Oper/die Operette
das Musical
die Theatervorstellung
der Kartenvorverkauf
für das Festival?

A quelle heure commence [a käl‿ör kɔ**mãß**]
le spectacle [lö ßpäk**takl**]
le film principal [lö film prẽßi**pal**]
le concert [lö kõ**ßär**]
la matinée [la mati**ne**]
la représentation de ballet [la röpräsãta**ßjõ** dö ba**lä**]
le cabaret [lö kaba**rä**]
l'opéra *(f)*/l'opérette *(f)* [lɔpe**ra**/lɔpe**rät**]
le musical [lö müsi**kɔl**]
la pièce de théâtre [la pjäß dö te**atr**]
la vente des billets [la wãt de bi**jä**]
pour le festival? [pur lö fäßti**wal**]

Was wird ... gespielt?
heute abend/morgen abend
dieses Wochenende
im Theater
in der Oper

Qu'est-ce qui sera joué [käß**ki** ßra schu**e**]
ce soir/demain soir [ßö ßo**ar**/dömẽ ßo**ar**]
ce week-end [ßö wik‿**änd**]
au théâtre [o te**atr**]
à l'opéra? [a lɔpe**ra**]

Im Theater

à droite	rechts
à gauche	links
au milieu	Mitte
Balcon	Rang
Côté	Seite
Deuxième Balcon	2. Rang
Entrée	Eingang
Galerie	Galerie
Loge	Loge
Orchestre	Parkett
Place	Platz
Premier Balcon	1. Rang
Rang	Reihe
Sortie de secours	Notausgang
Toilettes	Toiletten

Wo bekommt man Karten? — Où est-ce qu'on peut prendre les billets? [u äßk‿õ pö prãdr le bi**jä**]

Wieviel kosten die Karten? — A combien sont les places? [a kõ**bjẽ** ßõ le plaß]

Gibt es noch Karten an der Abendkasse? — Est-ce qu'il y aura encore des billets ce soir? [äßkiljo**ra** ã**kɔr** de bi**jä** ßö ß**oar**]

Gibt es verbilligte Karten? — Y a-t-il des billets de tarif réduit? [ja**til** de bi**jä** dö ta**rif** re**düi**]

* Complet. [kõ**plä**] — Ausverkauft.

Bitte 2 Karten/Plätze — **S'il vous plaît, deux billets/places** [ßil wu plä dö bi**jä**/plaß]

für die Vorstellung — pour le spectacle [pur lö ßpäk**takl**]

für das Konzert — pour le concert [pur lö kõ**ßär**]

heute abend/morgen abend — ce soir/demain soir [ßö ß**oar**/dö**mẽ** ß**oar**]

um 20 Uhr. — à vingt heures. [a wẽt‿ör]

Wie lange dauert die Vorstellung? — A quelle heure le spectacle sera-t-il terminé? [a käl‿ör lö ßpäk**takl** ßrat‿il tärmi**ne**]

Ich möchte bitte ein Programm. — Je voudrais avoir un programme, s'il vous plaît. [schö wu**dräs**‿a**woar** ẽ prɔ**gram** ßil wu plä]

Gibt es eine Garderobe? — Y a-t-il un vestiaire? [ja**til**‿ẽ wäß**tjär**]

Diskothek, Bar und Nachtklub

Gibt es hier — **Y a-t-il ici** [ja**til**‿i**ßi**]

eine Diskothek — une discothèque [ün dißkɔ**täk**]

ein Tanzlokal — un dancing [ẽ dã**ßing**]

eine (nette) Kneipe — une (jolie) taverne [ün (schɔ**li**) ta**wärn**]

eine Bar — un bar [ẽ bar]

ein Spielkasino — un casino [ẽ kasi**no**]

mit (Live-)Musik? — avec de la musique (animée par un orchestre)? [a**wäk** dö la mü**sik**‿(ani**me** par‿ẽn‿ɔr**käßtr**)]

Unterhaltung

Aufführung	la représentation [la röpresãta**ßjõ**]
ausgehen	sortir [ßɔr**tir**]
Band	l'orchestre *(m)* [lɔr**käßtr**]
Bar	le bar [lö bar]
Bühne	la scène [la ßän]
Bühnenbild	les décors *(m)* [le de**kɔr**]
Chor	le chœur [lö kör]
Dirigent	le chef d'orchestre [lö schäf dɔr**käßtr**]
Diskothek	la discothèque [la dißkɔ**täk**]
Eintrittskarte	le billet d'entrée [lö bi**jä** dã**tre**]
Folkloreabend	la soirée folklorique [la ßoa**re** fɔlklɔ**rik**]
Freilichtbühne	la scène en plein air [la ßän‿ã plän‿är]
Jazzkonzert	le concert de jazz [lö kõ**ßär** dö ~~sch~~as]
Kabarett	le cabaret [lö kaba**rä**]
Kammermusik	la musique de chambre [la mü**sik** dö schãbr]
Kasse	la caisse [la käß]
Komödie	la comédie [la kome**di**]
Konzert	le concert [lö kõ**ßär**]
Matinee	la matinée [la mati**ne**]
Opernglas	les jumelles *(f)* de théâtre [le ~~sch~~ü**mäl** dö te**atr**]
Orchester	l'orchestre *(m)* [lɔr**käßtr**]
Pause	l'entracte *(m)* [lã**trakt**]
Popmusik	la musique pop [la mü**sik** pɔp]
Premiere	la première [la pröm**jär**]
Regisseur	le metteur en scène [lö mä**tör**‿ã ßän]
Sänger(in)	le chanteur (la chanteuse) [lö schã**tör** (la schã**tös**)]
Schauspieler(in)	l'acteur (l'actrice) [lak**tör** (lak**triß**)]
Show	la présentation [la presãta**ßjõ**]
spielen	jouer [~~sch~~**ue**]
Tänzer(in)	le danseur (la danseuse) [lö dã**ßör** (la dã**ßös**)]
Tanzlokal	le dancing [lö dã**ßing**]
Türsteher	le chasseur [lö scha**ßör**]
Veranstaltung	le spectacle [lö ßpäk**takl**]
Zirkus	le cirque [lö ßirk]

Ist hier noch frei?	La place est libre? [la plaß‿ä libr]
Die Getränkekarte, bitte.	La carte des boissons, s'il vous plaît. [la kart de boa**ßõ** ßil wu plä]
Möchten Sie	**Aimeriez-vous** [ämörie wu]
tanzen	danser [dã**ße**]
etwas trinken	boire quelque chose [bo**ar** kälk schos]
frische Luft schnappen?	faire une petite promenade? [fär‿ün ptit prɔm**nad**]
Ich lade Sie ein.	Je vous invite. [~~sch~~ö wus‿ẽ**wit**]
Darf ich Sie	**Puis-je** [pü**isch**]
ein Stück begleiten	faire un bout de chemin avec vous [fär‿ẽ bu dö schmẽ a**wäk** wu]
nach Hause begleiten	vous raccompagner [wu rakõpa**nje**]
ins Hotel begleiten?	vous accompagner jusqu'à l'hôtel? [wus‿akõpa**nje** ~~sch~~üß**ka** lo**täl**]
Möchten Sie noch mit zu mir kommen?	Vous aimeriez encore venir chez moi? [wus‿ämöri**e** ã**kɔr** wö**nir** sche mo**a**]
Vielen Dank für diesen schönen Abend.	Merci beaucoup pour cette agréable soirée. [mär**ßi** bo**ku** pur ßät‿agre**abl** ßoa**re**]
Auf Wiedersehen./ Bis morgen.	Au revoir./A demain. [o röwo**ar**/a dö**mẽ**]

Feste und Veranstaltungen

Wann beginnt	**A quelle heure commence** [a käl‿ör kɔ**mãß**]
das Fest	la fête [la fät]
das Festprogramm	le programme de la fête [lö prɔ**gram** dö la fät]
die (Handels-)Messe/ die Matinee	la foire/la matinée [la fo**ar**/la mati**ne**]
der Umzug/die Prozession	le cortège/la procession [lö kɔr**tä~~sch~~**/la prɔßä**ßjõ**]
die Show/Darbietung	la présentation [la presãta**ßjõ**]
die Zirkusvorstellung?	le spectacle du cirque? [lö ßpäk**takl** dü ßirk]
Wo findet die Veranstaltung statt?	Où est-ce que le spectacle aura lieu? [u äßk lö ßpäk**takl** o**ra** ljö]
Wie lange wird sie dauern?	Combien de temps va-t-il durer? [kõ**bjẽ** dö tã wat‿il dü**re**]
Muß man Eintritt bezahlen?	Faut-il payer une entrée? [fot‿il pä**je** ün‿ã**tre**]
Wo bekomme ich/ Was kosten die Karten?	Où puis-je prendre/A quel prix sont les billets? [u pü**isch** prãdr/a käl pri ßõ le bi**jä**]

Zigaretten kauft man in der Bar Tabac, denn es gibt keine Automaten

Einkaufen

Allgemeines

Gibt es hier in der Nähe	**Y a-t-il près d'ici** [jatil prä dißi]
eine Bäckerei	une boulangerie [ün bulãschri]
ein Lebensmittelgeschäft	une épicerie [ün epißri]
eine Metzgerei	une boucherie [ün buschri]
einen Supermarkt?	un supermarché? [ẽ süpärmarsche]
* Vous désirez? [wu desire]	Was wünschen Sie?
* Puis-je vous aider? [püisch wus‿äde]	Kann ich Ihnen helfen?
Ich möchte mich nur umsehen.	J'aimerais seulement regarder un peu. [schämrä ßölmã rögarde ẽ pö]
Ich möchte bitte	**Je voudrais** [schö wudrä]
Briefmarken	des timbres [de tẽbr]
eine Sonnencreme.	une crème solaire. [ün kräm ßolär]
Wieviel kostet das?	Cela coûte combien? [ßla kut kõbjẽ]
Das ist (zu) teuer.	C'est (trop) cher. [ßä (tro) schär]
Das gefällt mir (nicht).	Cela (ne) me plaît (pas). [ßla (nö) mö plä (pa)]
Ich nehme es.	Je le prends. [schö lö prã]
Haben Sie	**Vous avez** [wus‿awe]
etwas anderes	autre chose [otr schos]
etwas Preiswerteres	quelque chose de moins cher [kälk schos dö moẽ schär]
etwas Größeres/Kleineres?	quelque chose de plus grand/de plus petit? [kälk schos dö plü grã/dö plü pti]

Lebensmittel

Babynahrung	l'alimentations *(f)* pour bébés [lalimãtaß**jõ** pur be**be**]
Eier	les œufs *(m)* [les‿ö]
Essig	le vinaigre [lö wi**nägr**]
(ohne) Farbstoffe	(sans) colorants *(m)* [(ßã) kɔlɔ**rã**]
Fleisch	la viande [la wi**ãd**]
Gemüse	les légumes *(m)* [le le**güm**]
Gewürze	les épices *(f)* [les‿**epiß**]
Haferflocken	les flocons *(m)* d'avoine [le flɔ**kõ** davo**an**]
Kekse	les biscuits *(m)* [le biß**küi**]
Ketchup	le ketchup [lö kät**schöp**]
Konserven	les conserves *(f)* [le kõ**ßärv**]
(ohne) Konservierungsstoffe	(sans) conservateurs *(m)* [(ßã) kõßärva**tör**]
Kuchen	le gâteau [lö ga**to**]
Margarine	la margarine [la marga**rin**]
Mayonnaise	la mayonnaise [la majɔ**näs**]
Mehl	la farine [la fa**rin**]
(Voll-/fettarme) Milch	le lait (entier/écrémé) [lö lä (ã**tje**/ekre**me**)]
Nüsse	les noix *(f)* [le no**a**]
Obst	les fruits *(m)* [le frü**i**]
Öl	l'huile *(m)* [lü**il**]
Paprika	le piment [lö pi**mã**]
Pfeffer	le poivre [lö po**avr**]
Saft	le jus [lö **schü**]
Sahne	la crème [la **kräm**]
Salz	le sel [lö **ßäl**]
Schokolade	le chocolat [lö schɔkɔ**la**]
Senf	la moutarde [la mu**tard**]
Würstchen	les saucisses *(f)* [le ßo**ßiß**]
Zucker	le sucre [lö **ßükr**]
Zwieback	la biscotte [la biß**kɔt**]

▶ **(Siehe auch Speisekarte, S. 44.)**

Obst und Gemüse

Ananas	l'ananas *(m)* [lana**na**]
Apfel	la pomme [la **pɔm**]
Aprikose	l'abricot *(m)* [labri**ko**]
Artischocke	l'artichaut *(m)* [larti**scho**]
Aubergine	l'aubergine *(f)* [lobär**schin**]
Avocado	l'avocat *(m)* [lavɔ**ka**]

Banane	la banane [la ba**nan**]
Basilikum	le basilic [lö basi**lik**]
Birne	la poire [la po**ar**]
(grüne/weiße) Bohnen	les haricots *(m)* (verts/blancs) [le ari**ko** (wärt/blã)]
Brokkoli	le broccoli [lö brɔkɔ**li**]
Chicorée	la chicorée [la schiko**re**]
Datteln	les dattes *(f)* [le dat]
Eissalat	la batavia [la bataw**ja**]
Erbsen	les petits pois *(m)* [le pti po**a**]
Erdbeeren	les fraises *(f)* [le fräs]
Erdnüsse	les cacahuètes *(f)* [le kakau**ät**]
Feigen	les figues *(f)* [le fig]
Gurke	le concombre [lö kõ**kõbr**]
Himbeeren	les framboises *(f)* [le frãbo**as**]
Honigmelone	le melon [lö mö**lõ**)
Karotten	les carottes *(f)* [le ka**rɔt**]
Kartoffeln	les pommes *(f)* de terre [le pɔm dö tär]
Kirschen	les cerises *(f)* [le ßris]
Kiwi	le kiwi [lö ki**wi**]
Knoblauch	l'ail *(m)* [laj]
Kohl	le chou [lö schu]
Lauch	le poireau [lö poa**ro**]
Mais	le maïs [lö mai**ß**]
Mandarine	la mandarine [la mãda**rin**]
Mango	la mangue [la mãg]
Melone	le melon [lö mö**lõ**]
Nektarine	la nectarine [la näkta**rin**]
Oliven	les olives *(f)* [les‿**ɔliv**]
Orange	l'orange *(f)* [lɔ**rãsch**]
Paprikaschote	le paprika [lö papri**ka**]
Peperoni	le piment [lö pi**mã**]
Petersilie	le persil [lö pär**ßi**]
Pfirsich	la pêche [la päsch]
Pflaume	la prune [la prün]
Spinat	les épinards *(m)* [les‿epi**nar**]
Tomate	la tomate [la tɔ**mat**]
Wassermelone	la pastèque [la paß**täk**]
(weiße/blaue) Weintrauben	les raisins *(m)* (blancs/noirs) [le rä**sẽ** (blã/no**ar**)]
Zitrone	le citron [lö ßi**trõ**]
Zucchini	la courgette [la kur**schät**]
Zwiebel	l'oignon *(m)* [lɔ**njõ**]

Frisches Brot am Sonntag?

Sie haben am Samstag das letzte Stück Brot aufgegessen und bangen um das sonntägliche Frühstück? Keine Sorge! In Frankreich sind sonntags morgens die Bäckereien, **les boulangeries** [le bulã~~seh~~**ri**], geöffnet. Nun müssen Sie aber für den Montag vorsorgen, denn an diesem Tag haben Bäcker Ruhetag.

Kann ich	**Puis-je** [püi**~~seh~~**]
mit Eurocheque/Scheck bezahlen	payer avec un eurochèque/chèque [pä**je** a**wäk**‿ẽ ö**ro**schäk/schäk]
mit Travellerscheck bezahlen	payer avec un chèque de voyage [pä**je** a**wäk**‿ẽ schäk dö woa**jasch**]
mit Kreditkarte bezahlen	payer avec une carte de crédit [pä**je** a**wäk**‿ün kart dö kre**di**]
das umtauschen?	l'échanger? [leschã**~~seh~~e**]
* Et avec ça? [e a**wäk** ßa]	Noch etwas?
Danke, das ist alles.	Merci, c'est tout. [mär**ßi** ßä tu]
Können Sie mir das einpacken?	Pourriez-vous l'emballer? [puri**e** wu lãba**le**]
Kann ich eine Tragetüte haben?	Je peux avoir un sac? [~~seh~~ö pö awo**ar**‿ẽ ßak]

Lebensmittel

Ich möchte/Geben Sie mir bitte	**Je voudrais/Donnez-moi, s'il vous plaît** [~~seh~~ö wu**drä**/dɔne mo**a** ßil wu plä]
ein Stück ...	un morceau de ... [ẽ mɔr**ßo** dö]
100 Gramm ...	cent grammes de ... [ßã gram dö]
ein (halbes) Kilo ...	un (demi-)kilo de ... [ẽ (dö**mi**) ki**lo** dö]
einen Liter ...	un litre de ... [ẽ litr dö]
eine Dose/eine Flasche ...	une boîte/une bouteille de ... [ün bo**at**/ün bu**täj** dö]
Kann ich davon probieren?	Je peux en déguster? [~~seh~~ö pö ã degüß**te**]
* C'est un peu plus, ça va? [ßät‿ẽ pö plüß ßa wa]	Darf es etwas mehr sein?
Etwas mehr/weniger bitte.	Un peu plus/moins, s'il vous plaît. [ẽ pö plüß/mo**ẽ** ßil wu plä]
Lassen Sie es so!	C'est bon! [ßä bõ]

Bücher, Schreibwaren und Zeitungen

Haben Sie	**Avez-vous** [a**we** wu]
deutsche Zeitungen/deutsche Illustrierte	des journaux allemands/des revues allemandes [de ~~seh~~ur**no** al**mã**/de rö**vü** al**mãd**]
Ansichtskarten	des cartes postales [de kart pɔß**tal**]
(deutsche/englische) Bücher	des livres (en allemand/en anglais) [de livr‿(ãn‿al**mã**/ãn‿ã**glä**)]
Klebstoff/Klebeband?	de la colle/du ruban adhésif? [dö la kɔl/dü rü**bã** ade**sif**]

Ich hätte gerne	**Je voudrais** [~~sch~~ö wu**drä**]
eine Landkarte von …	une carte géographique de … [ün kart ~~sch~~eogra**fik** dö]
einen Stadtplan	un plan de la ville [ẽ plã dö la wil]
einen Reiseführer	un guide touristique [ẽ gid turi**ßtik**]
eine Wanderkarte	une carte de randonnée pédestre [ün kart dö rãd**ɔne** pe**däßtr**]
ein Wörterbuch Französisch-Deutsch.	un dictionnaire français-allemand. [ẽ dikßjɔ**när** frã**ßä** al**mã**]
Haben Sie	**Avez-vous** [a**we** wu]
Briefmarken	des timbres [de tẽbr]
Briefpapier	du papier à lettres [dü pa**pje** a lätr]
Umschläge	des enveloppes [des‿ãv**lɔp**]
Kugelschreiber/Stifte?	des stylos à bille/des crayons? [de ßti**lo** a bij/de krä**jõ**]

Kleidung und Schuhe

Ich suche	**Je cherche** [~~sch~~ö schärsch]
eine Bluse/ein Hemd	un chemisier/une chemise [ẽ schmis**je**/ün schmis]
ein T-Shirt	un T-shirt [ẽ te**schört**]
eine Hose/einen Rock/ ein Kleid	un pantalon/une jupe/une robe [ẽ pãta**lõ**/ün ~~sch~~üp/ün rɔb]
einen Pullover/eine Jacke	un pullover/une veste [ẽ pülɔ**vär**/ün wäßt]
Unterwäsche/Socken	des sous-vêtements *(m)*/des chaussettes *(f)* [de ßu wät**mã**/de scho**ßät**]
einen Regenmantel	un imperméable [ẽn‿ẽpärme**abl**]
Schuhe/Turnschuhe	des chaussures *(f)*/des baskets *(m)* [de scho**ßür**/de baß**kä**]
für Damen/Herren/Kinder.	pour dames/hommes/enfants. [pur dam/ɔm/ã**fã**]

Ich habe Größe 40.	Je porte du quarante. [~~seh~~ö pɔrt dü ka**rãt**]
Ich habe Schuhgröße 39.	Je chausse du trente-neuf. [~~seh~~ö schoß dü trãt nöf]
Kann ich das probieren?	Puis-je l'essayer? [püi**~~seh~~** leßä**je**]
Wo ist ein Spiegel?	Où y a-t-il un miroir? [u ja**til**‿ẽ miro**ar**]
Das paßt (nicht) gut.	Cela (ne) va (pas) bien. [ßla (nö) wa (pa) bjẽ]
Das gefällt mir (nicht).	Cela (ne) me plaît (pas). [ßla (nö) mö plä (pa)]
Die Farbe gefällt mir/ gefällt mir nicht.	J'aime/Je n'aime pas la couleur. [~~seh~~äm/~~seh~~ö näm pa la ku**lör**]
Ich nehme es.	Je le prends. [~~seh~~ö lö prã]
Gibt es noch andere Modelle/ andere Farben?	Y a-t-il encore d'autres modèles/ d'autres couleurs? [ja**til**‿ã**kɔr** dotr mɔ**däl**/dotr ku**lör**]
Es ist	**C'est** [ßä]
zu klein/zu groß	trop petit/trop grand [tro pti/tro grã]
zu lang/zu kurz	trop long/trop court [tro lõ/tro kur]
zu eng/zu weit.	trop serré/trop large. [tro ßä**re**/tro lar~~seh~~]
Ist das	**Est-ce** [äß]
echtes Leder	du cuir véritable [dü kü**ir** weri**tabl**]
Baumwolle/Wolle/Seide/ Leinen?	du coton/de la laine/de la soie/du lin? [dü kɔ**tõ**/dö la län/dö la ßo**a**/dü lẽ]

Wäscherei und Reinigung

Ich möchte das reinigen/ waschen lassen.	Je voudrais faire nettoyer/laver cela. [~~seh~~ö wu**drä** fär nätoa**je**/la**we** ßla]
Wieviel kostet das?	Ça coûte combien? [ßa kut kõb**jẽ**]
Wann kann ich es abholen?	Quand est-ce que je peux venir le chercher? [kãt‿äßk ~~seh~~ö pö wö**nir** lö schär**sche**]

Schmuck und Uhren

Meine Kette/Meine Uhr/ Mein Wecker ist kaputt.	Ma chaîne/Ma montre/Mon réveil est cassé,e. [ma schän/ma mõtr/mõ re**wäj** ä ka**ße**]
Können Sie das reparieren?	Pourriez-vous réparer cela? [puri**e** wu repa**re** ßla]

Kleidergrößen

Die Befürchtung, Sie hätten im Urlaub zugenommen, stellt sich in den meisten Fällen zum Glück als unbegründet heraus. In Frankreich müssen Sie einfach beim Kauf von schicker Kleidung zu einer Nummer größer greifen, und dann stimmt wieder alles: Die deutsche Größe 36 entspricht der französischen 38, unsere Größe 42 wäre in Frankreich demnach Größe 44 etc. Keine Probleme gibt es dagegen im Schuhgeschäft: Die französischen Angaben entsprechen deutschen Größen.

Kleidung und Schuhe

Anorak	le blouson [lö blusõ]
Badeanzug/Badehose	le maillot de bain [lö ma**jo** dö bẽ]
BH	le soutien-gorge [lö ßu**tjẽ** gɔrsch]
Bikini	le bikini [lö biki**ni**]
Gürtel	la ceinture [la ßẽ**tür**]
Halstuch	le foulard [lö fu**lar**]
Handschuhe	les gants *(m)* [le gã]
Hut	le chapeau [lö scha**po**]
Jogginganzug	le jogging [lö schɔ**ging**]
Krawatte	la cravate [la kra**wat**]
Leggins	le calçon [lö kal**ßõ**]
Mütze	le bonnet [lö bɔ**nä**]
Sandalen	les sandales *(f)* [le ßã**dal**]
Slip	le slip [lö ßlip]
Sonnenhut	le chapeau de soleil [lö scha**po** dö ßɔläj]
Stiefel	les bottes *(f)* [le bɔt]
Strumpfhose	le collant [lö kɔ**lã**]
Weste	le gilet [lö schi**lä**]

Ich hätte gerne — **Je voudrais** [schö wu**drä**]
eine neue Batterie — une autre pile [ün‿otr pil]
ein Armband — un bracelet [ẽ bra**ßlä**]
eine Brosche — une broche [un brɔsch]
einen Ring — une bague [ün bag]
Ohrringe. — des boucles d'oreilles. [de bukl dɔ**räj**]

Ist das — **Est-ce** [äß]
aus Silber/aus Gold — de l'argent/de l'or [dö lar**schã**/dö lɔr]
versilbert/vergoldet? — argenté/doré? [arschã**te**/dɔ**re**]

Elektro- und Fotoartikel

Ich suche/brauche — **J'ai besoin** [schä bösoẽ]
einen Adapter — d'un adapteur [dẽn‿adap**tör**]
eine Batterie — d'une pile [dün pil]
für den Walkman — pour le baladeur [pur lö bala**dör**]
für die Taschenlampe — pour la lampe de poche [pur la lãp dö pɔsch]
für den Fotoapparat — pour l'appareil photo [pur lapa**räj** fɔ**to**]
für die Videokamera — pour la caméra vidéo [pur la kame**ra** wide**o**]
für das Radio. — pour le poste de radio. [pur lö pɔßt dö ra**djo**]

Ich hätte gern — **Je voudrais** [schö wu**drä**]
einen Farbfilm — une pellicule couleur [ün päli**kül** ku**lör**]
einen Schwarzweißfilm — une pellicule noir et blanc [ün päli**kül** noa**r**‿e blã]
einen Diafilm — une pellicule pour diapos [ün päli**kül** pur dia**po**]
mit 24/36 Aufnahmen. — pour vingt-quatre/trente-six photos. [pur wẽ katr/trãt ßi fɔ**to**]

Ich suche	**Je cherche** [~~sch~~ö schärsch]
eine (VHS-)Videokassette	une cassette vidéo (VHS) [ün ka**ßät** wide**o** (we asch‿**äß**)]
ein Standardobjektiv	un objectif [ẽn‿ɔb~~sch~~äk**tif**]
ein Weitwinkelobjektiv	un grand angle [ẽ grãd‿**ãgl**]
ein Teleobjektiv	un téléobjectif [ẽ teleɔb~~sch~~äk**tif**]
ein Zoomobjektiv.	un zoom. [ẽ **sum**]
Können Sie mir	**Pourriez-vous me** [pu**rie** wu mö]
den Film einlegen	mettre la pellicule [mätr la päli**kül**]
diesen Film entwickeln	développer cette pellicule [devlɔ**pe** ßät päli**kül**]
Abzüge anfertigen	faire les épreuves [fär les‿e**pröv**]
im Format 9 mal 9/ 9 mal 13	format neuf-neuf/neuf-treize [fɔr**ma** nöf nöf/nöf träs]
glänzend	brillant [dü bri**jã**]
matt?	mat? [**mat**]
Machen Sie Paßbilder?	Vous faites des photos d'identité? [wu fät de fɔ**to** didãti**te**]
Wann sind die Fotos fertig?	Quand les photos seront-elles prêtes? [kã le fɔ**to** ßrõt‿äl **prät**]
... funktioniert nicht richtig.	**... ne fonctionne pas bien.** [nö fõk**ßjɔn** pa **bjẽ**]
Mein Fotoapparat	Mon appareil photo [mɔn apa**räj** fɔ**to**]
Mein Blitzlicht	Mon flash [mõ **flasch**]
Meine Videokamera	Ma caméra vidéo [ma kame**ra** wide**o**]
Können Sie einmal nachsehen/das reparieren?	Pourriez-vous regarder/le réparer? [pu**rie** wu röga**rde**/lö repa**re**]
Wann kann ich es abholen?	Quand est-ce que je peux venir le chercher? [kãt‿äßk ~~sch~~ö pö wö**nir** lö schär**sche**]

Souvenirs und Kunsthandwerk

Ich suche	**Je cherche** [~~sch~~ö schärsch]
ein Reiseandenken	un souvenir [ẽ ßuv**nir**]
Folklorekleidung	des vêtements folkloriques [de wät**mã** fɔlklɔ**rik**]
Keramik	de la céramique [dö la ßera**mik**]
Kunstgegenstände	des objets d'art [des‿ɔb~~sch~~**ä** **dar**]
modern/antik/ volkstümlich	moderne/antique/folklorique [mɔ**därn**/ã**tik**/fɔlklɔ**rik**]
Lederwaren	de la maroquinerie [dö la marɔkin**ri**]
Schmuck.	des bijoux. [de bi~~sch~~**u**]
Was ist typisch für	**Qu'est-ce qui est typique pour** [käßki‿ä ti**pik** **pur**]
diese Stadt	cette ville [ßät **wil**]
diese Gegend	cette région [ßät re~~sch~~**jõ**]
dieses Land?	ce pays? [ßö pe**i**]

EPCOT
CENTER

Ist das	**Est-ce** [äß]
handgemacht	fait à la main [fät‿a la mẽ]
echt	véritable [weri**tabl**]
antik	antique [ã**tik**]
Kunsthandwerk	de l'artisanat d'art [dö lartisa**na** dar]
aus der Region?	de la région? [dö la re**schjõ**]

Optiker

Meine Brille ist kaputt.	J'ai cassé mes lunettes. [schä ka**ße** me lü**nät**]
Können Sie sie reparieren/ mir eine Ersatzbrille geben?	Pourriez-vous les réparer/m'en donner d'autres? [puri**e** wu le repa**re**/mã dɔ**ne** dotr]
Wann kann ich die Brille abholen?	Quand est-ce que je peux venir chercher les lunettes? [kãt‿äßk schö pö wö**nir** schär**sche** le lü**nät**]
Ich bin kurzsichtig/ weitsichtig.	Je suis myope/presbyte. [schö ßüi mj**ɔp**/präß**bit**]
Ich habe	**J'ai** [schä]
meine Brille verloren	perdu mes lunettes [pär**dü** me lü**nät**]
eine Kontaktlinse verloren	perdu un verre de contact. [pär**dü** ẽ wär dö kõ**takt**]
rechts/links ... Dioptrien.	à droïte/à gauche ... dixième. [a dro**at**/a gosch ... dis**jäm**]
Ich brauche	**J'ai besoin** [schä bösoẽ]
eine Sonnenbrille	de lunettes de soleil [dö lü**nät** dö ßɔ**läj**]
ein Brillenetui	d'un étui à lunettes [dẽn‿etü**i** a lü**nät**]
ein Fernglas	de jumelles [dö schü**mäl**]
Reinigungs-/ Aufbewahrungslösung	d'un liquide pour nettoyer/tremper les verres de contact [dẽ li**kid** pur nätoa**je**/trã**pe** le wär dö kõ**takt**]
für harte/weiche Kontakt-linsen.	pour des verres de contact durs/souples. [pur de wär de kõ**takt** dür/ßupl]

Drogerie

Ich hätte gerne	**Je voudrais** [schö wu**drä**]
Heftpflaster	du sparadrap [dü ßpara**dra**]
Papiertaschentücher	des mouchoirs en papier [de muscho**ar**‿ã pa**pje**]
eine Hand-/Hautcreme	une crème pour les mains/la peau [ün kräm pur le mẽ/la po]
eine Sonnencreme mit Licht-schutzfaktor 6/12	une crème solaire indice six/douze [ün kräm ßɔ**lär** ẽ**diß** ßiß/dus]
Après soleil	une crème après-soleil [ün kräm a**prä** ßɔ**läj**]
ein Shampoo	un shampooing [ẽ schãpoẽ]
für normales/trockenes/ fettes Haar	pour cheveux normaux/secs/gras [pur schwö nɔr**mo**/ßäk/gra]
gegen Schuppen.	anti-pelliculaire. [ã**ti** päli**külär**]

Tabakwaren

Bitte	**S'il vous plaît,** [ßil wu plä]
eine Schachtel/eine Stange Zigaretten	un paquet/une cartouche de cigarettes [ẽ pa**kä**/ün kar**tusch** dö ßiga**rät**]
mit/ohne Filter.	avec/sans filtre. [a**wäk**/ßã filtr]
Pfeifentabak	du tabac pour la pipe [dü ta**ba** pur la pip]
Streichhölzer	des allumettes [des‿alü**mät**]
ein Feuerzeug.	un briquet. [ẽ bri**kä**]

Drogerie

Babyflasche	le biberon [lö bi**brõ**]
Babypuder	la poudre pour le bébé [la pudr pur lö be**be**]
(Damen-)Binden	les serviettes *(f)* hygiéniques [le ßär**wjät** isch**jenik**]
Bürste	la brosse [la brɔß]
Deodorant	le déodorant [lö deodɔ**rã**]
Duschgel	le gel douche [lö schäl dusch]
Haargel	le gel cheveux [lö schäl schwö]
Haargummi	l'élastique *(m)* pour cheveux [lelaß**tik** pur schwö]
Haarspray	la laque [la lak]
Kamm	le peigne [lö pänj]
Körperlotion	la lotion de toilette [la loß**jõ** dö toa**lät**]
Kondom	le préservatif [lö presärwa**tif**]
Lippenpflegestift	la pommade pour les lèvres [la pɔ**mad** pur le lävr]
Mückenschutzmittel	la crème anti-moustique [la kräm ãtimuß**tik**]
Nagelfeile	la lime à ongles [la lim‿a õgl]
Nagellack	le vernis à ongles [lö wär**ni** a õgl]
Nagelschere	les ciseaux *(m)* à ongles [le ßi**so** a õgl]
Parfüm	le parfum [lö par**fẽ**]
Pinzette	la pince à épiler [la pẽß‿a epi**le**]
Präservativ	le préservatif [lö presärwa**tif**]
Rasierklinge	la lame de rasoir [la lam dö raso**ar**]
Rasierschaum	la mousse à raser [la muß‿a ra**se**]
Rasierwasser	la lotion après-rasage [la loß**jõ** aprä rasa**sch**]
Schnuller	la sucette [la ßü**ßät**]
Seife	la savonnette [la ßawɔ**nät**]
Sicherheitsnadel	l'épingle *(f)* de sûreté [le**pẽgl** dö ßür**te**]
Spiegel	le miroir [lö miro**ar**]
Spülmittel	le produit à vaisselle [lö prɔ**düi** a wä**ßäl**]
Tampons	les tampons *(m)* hygiéniques [le tã**põ** isch**jenik**]
Toilettenpapier	le papier hygiénique [lö pa**pje** isch**jenik**]
Waschmittel	le détergent [lö detär**schã**]
Watte	le coton [lö kɔ**tõ**]
Windeln	les langes *(m)* [le lã**sch**]
Zahnbürste	la brosse à dents [la brɔß‿a dã]
Zahnpaste	le dentifrice [lö dãti**friß**]

Es gibt zum Glück auch Bankautomaten, die Fremdwährungen wechseln

Praktische Hinweise

Ärztliche Versorgung

Beim Arzt

Ich brauche (schnell) einen Arzt.
Je dois consulter un médecin (de toute urgence).
[~~sch~~ö do**a** kõßül**te** ẽ me**dßẽ** (dö tut‿ür**~~sch~~äß**)]

Rufen Sie bitte einen Krankenwagen.
Appelez une ambulance, s'il vous plaît.
[ap**le** ün‿ãbü**läß** ßil wu plä]

Wo finde ich hier einen (deutsch-/englischsprachigen)
Où est-ce que je peux trouver un ... (qui parle allemand/anglais)?
[u äßk ~~sch~~ö pö tru**we** ẽ ... (ki parl‿al**mã**/ã**glä**)]

Frauenarzt — gynécologue [~~sch~~inekɔ**lɔg**]
Kinderarzt — pédiatre [pedi**atr**]
Zahnarzt? — dentiste [dã**tißt**]

Kann der Arzt herkommen?
Le médecin pourrait venir?
[lö me**dßẽ** pu**rä** wö**nir**]

Wann hat er Sprechstunde?
Quelles sont ses heures de consultation?
[käl ßõ ßes‿ör dö kõßülta**ßjõ**]

Kann ich *gleich in die Praxis kommen/hierbleiben?*
Je peux *venir tout de suite/rester?*
[~~sch~~ö pö wö**nir** tud‿ßü**it**/räß**te**]

Wann kann ich kommen?
Quand est-ce que je peux venir?
[kãt‿äßk ~~sch~~ö pö wö**nir**]

* Qu'est-ce qui ne va pas?
[käß**ki** nö wa pa]
Was fehlt Ihnen?

Mir ist (ständig) *schlecht/schwindelig.*
J'ai (très souvent) *mal au cœur/des vertiges.*
[~~sch~~ä (trä ßu**vã**) mal‿o kör/de wär**ti~~sch~~**]

Ich bin gestürzt.
Je suis tombé,-e. [~~sch~~ö ßü**i** tõ**be**]

Ich habe	**J'ai** [~~sch~~ä]
mich übergeben	vomi [wɔ**mi**]
mich erkältet	pris froid [pri fro**a**]
eine Allergie	une allergie [ün‿alär**~~sch~~i**]
Durchfall	la diarrhée [la dia**re**]
Grippe	la grippe [la grip]
Husten	la toux [la tu]
Kopfschmerzen	mal à la tête [mal‿a la tät]
Bauchschmerzen	mal au ventre [mal‿o wãtr]
Ohrenschmerzen	mal aux oreilles [mal‿os‿ɔ**räj**]
Halsschmerzen	mal à la gorge [mal‿a la gɔrsch]
eine Blasenentzündung	une affection de la vessie [ün‿afäk**ßjõ** dö la wä**ßi**]
Herzbeschwerden	des troubles cardiaques [de trubl kar**djak**]
Fieber.	de la fièvre. [dö la fjävr]
* Depuis quand avez-vous de la fièvre? [dö**püi** kãt‿a**we** wu dö la fjävr]	Seit wann haben Sie Fieber?
Seit 2 Tagen.	Depuis deux jours. [dö**püi** dö ~~sch~~ur]
* Où est-ce que vous avez mal? [u äßk wus‿a**we** mal]	Wo tut es weh?
* Ce n'est rien de grave. [ßnä rjẽ dö grav]	Es ist nichts Schlimmes.
Ist das Bein/der Arm/der Finger gebrochen?	La jambe/Le bras/Le doigt est cassé,-e? [la ~~sch~~ãb/lö bra/lö do**a** ä ka**ße**]
Ich vertrage	**Je ne supporte pas** [~~sch~~ö nö ßü**pɔrt** pa]
die Hitze nicht	la chaleur [la scha**lör**]
kein Penicillin.	la pénicilline. [la penißi**lin**]
Das Essen bekommt mir nicht.	Je digère mal. [~~sch~~ö di**~~sch~~är** mal]
Ich bin	**Je suis** [~~sch~~ö ßüi]
(im 3. Monat) schwanger	enceinte (de trois mois) [ã**ßẽt** (dö tro**a** mo**a**)]
chronisch krank.	un malade chronique. [ẽ ma**lad** krɔ**nik**]
Ich bin Diabetiker.	J'ai du diabète. [~~sch~~ä dü dia**bät**]
Ich nehme regelmäßig Medikamente.	Je prends régulièrement des médicaments. [~~sch~~ö prã regüljär**mã** de medika**mã**]

Einnahmevorschriften

à dissoudre dans l'eau	in Wasser auflösen
à jeun	nüchtern
à sucer	im Mund zergehen lassen
avant/après les repas	vor/nach den Mahlzeiten
deux fois/trois fois par jour	2mal/3mal täglich
pour usage externe	äußerlich
pour usage interne	innerlich
sans croquer	unzerkaut

Können Sie mir	**Pourriez-vous** [purie wu]
das verschreiben	me prescrire cela [mö präß**krir** ßla]
etwas gegen … verschreiben?	me prescrire quelque chose contre …? [mö präß**krir** kälk schos kõtr]

Beim Zahnarzt

Ich habe *(starke) Zahnschmerzen/eine Füllung verloren.*	J'ai *(très) mal aux dents/perdu un plombage.* [~~sch~~ä (trä) mal‿o dã/pär**dü** ẽ plõ**ba~~sch~~**]
Können Sie	**Pourriez-vous** [purie wu]
mich gleich behandeln	me faire un traitement tout de suite [mö fär‿ẽ trät**mã** tud‿ßü**it**]
mir ein Schmerzmittel geben?	me donner un médicament pour calmer les douleurs? [mö dɔ**ne** ẽ medika**mã** pur kal**me** le du**lör**]

Ärztliche Versorgung

Aids	le SIDA [lö ßi**da**]
Allergie	l'allergie *(f)* [lalär**~~sch~~i**]
ansteckend	contagieux (contagieuse) [kõta**~~sch~~jö** (kõta**~~sch~~jös**)]
Antibiotikum	l'antibiotique *(m)* [lãtibjɔ**tik**]
Aspirin	l'aspirine *(f)* [laßpi**rin**]
Attest	l'attestation *(f)* [latäßta**ßjõ**]
Augentropfen	le collyre liquide [lö kɔ**lir** li**kid**]
Ausschlag	les boutons *(m)* [le bu**tõ**]
Beruhigungsmittel	le calmant [lö kal**mã**]
Blinddarmentzündung	l'appendicite *(f)* [lapãdi**ßit**]
Blutung	l'hémorragie *(f)* [lemɔra**~~sch~~i**]
Bruch	la fracture [la frak**tür**]
Desinfektionsmittel	le désinfectant [lö desẽfäk**tã**]
Diabetes	le diabète [lö dia**bät**]
Eiter	le pu [lö pü]
Entzündung	l'inflammation *(f)* [lẽflama**ßjõ**]
erbrechen	vomir [wɔ**mir**]
Erkältung	le rhume [lö rüm]
Fieber	la fièvre [la fjävr]
Gehirnerschütterung	la commotion cérébrale [la kɔmɔ**ßjõ** ßere**bral**]
Grippe	la grippe [la grip]
HIV positiv	séro-positif [ß**ero** posi**tif**]
Husten	la toux [la tu]
Hustensaft	le sirop contre la toux [lö ßi**ro** kõtr la tu]
impfen	vacciner [wakßi**ne**]
Impfung	la vaccination [la wakßina**ßjõ**]
Infektion	l'infection *(f)* [lẽfäk**ßjõ**]
Kohletabletten	les pastilles *(f)* de charbon [le paß**tij** dö schar**bõ**]
Kopfschmerzen	les maux de tête [le mo dö tät]

Bitte reparieren Sie den Zahn/die Brücke/die Krone nur provisorisch.
S'il vous plaît, ne faites qu'un traitement provisoire de la dent/du bridge/de la couronne. [ßil wu plä nö fät kẽ trät**mã** prɔwiso**ar** dö la dã/dü bridsch/dö la ku**rɔn**]

Ich möchte eine Spritze./Ich möchte keine Spritze.
Faites-moi une piqûre./Ne me faites pas de piqûre. [fät mo**a** ün pi**kür**/nö mö fät pa dö pi**kür**]

Ist es schlimm?
C'est grave? [ßä grav]

Im Krankenhaus

Wo ist das nächste Krankenhaus?
Où est l'hôpital le plus proche? [u ä lɔpi**tal** lö plü prɔsch]

Verständigen Sie bitte
Herrn/Frau ...
im Hotel ...!

S'il vous plaît, avertissez [ßil wu plä awärti**ße**]
Monsieur/Madame ... [möß**jö**/ma**dam**]
à l'hôtel ...! [a lo**täl**]

Kreislaufstörung	les troubles *(m)* de la circulation [le trubl dö la ßirküla**ßjõ**]
Magen-Darm-Erkrankung	les troubles *(m)* gastriques et intestinaux [le trubl gaß**trik**‿e ẽtäßti**no**]
Migräne	la migraine [la mi**grän**]
Muskelzerrung	l'entorse *(f)* [lã**tɔrß**]
Ohrentropfen	les gouttes *(f)* pour les oreilles [le gut pur les‿o**räj**]
Operation	l'opération *(f)* [lɔpera**ßjõ**]
Pflaster	le sparadrap [lö ßpara**dra**]
Pilzinfektion	la mycose [la mi**kos**]
Reisekrankheit	le mal de transport [lö mal dö trãß**pɔr**]
röntgen	radiographier [radjogra**fje**]
Salbe	la pommade [la pɔ**mad**]
Schlafmittel	le somnifère [sɔmni**fär**]
Schlangenbiß	la morsure de serpent [la mɔr**ßür** dö ßär**pã**]
Schmerztablette	le cachet contre la douleur [lö ka**schä** kõtr la du**lör**]
Schnupfen	le rhume [lö rüm]
Schwangerschaft	la grossesse [la grɔ**ßäß**]
Schweiß	la sueur [la ß**üör**]
Seekrankheit	le mal de mer [lö mal dö mär]
Sehnenzerrung	l'entorse *(f)* [lã**tɔrß**]
Sonnenstich	l'insolation *(f)* [lẽßɔla**ßjõ**]
Verbandzeug	les pansements *(m)* [le pãß**mã**]
Verbrennung	la brûlure [la brü**lür**]
Vergiftung	l'empoisonnement *(m)* [lãpoasɔn**mã**]
verstaucht	foulé,-e [fu**le**]
Verstopfung	la constipation [la kõßtipa**ßjõ**]
Virus	le virus [lö wi**rüß**]
Wunde	la blessure [la ble**ßür**]

Haben Sie Privatzimmer/ Zweibettzimmer?	Avez-vous des chambres privées/des chambres à deux lits? [a**we** wu de schãbr pri**ve**/de schãbr‿a dö li]
Wie ist die Diagnose?	Quel est le diagnostic? [käl‿ä lö diagnɔß**tik**]
Welche Therapie ist erforderlich?	Quel traitement est-ce qu'il faudra? [käl trät**mã** äß**kil** fo**dra**]
Wie lange muß ich bleiben?	Combien de temps est-ce que je devrai rester? [kõ**bjẽ** dö tã äßk ~~sch~~ö dö**vrä** räß**te**]
(Wann) Darf ich aufstehen?	(Quand) Est-ce que je pourrai me lever? [(kãt‿)äßk ~~sch~~ö pu**rä** mö lö**we**]
Es geht mir (nicht) besser.	Je (ne) vais (pas) mieux. [~~sch~~ö (nö) wä (pa) mjö]
Ich brauche	**J'ai besoin** [~~sch~~ä bösoẽ]
ein Schmerzmittel	d'un médicament qui calme les douleurs [dẽ medika**mã** ki kalm le du**lör**]
Schlaftabletten.	d'un soporifique. [dẽ ßopɔri**fik**]
Bin ich reisefähig?	Je peux voyager? [~~sch~~ö pö woaja**~~sch~~e**]
Ich möchte	**Je voudrais** [~~sch~~ö wu**drä**]
den Arzt sprechen	parler au docteur [par**le** o dɔk**tör**]
entlassen werden	sortir de l'hôpital [ßɔr**tir** dö lɔpi**tal**]
einen Krankenbericht	avoir un diagnostic [awo**ar**‿ẽ diagnɔß**tik**]
eine Bestätigung	avoir une attestation [awo**ar**‿ün‿atäßta**ßjõ**]
für meine Krankenkasse	pour ma caisse d'assurance-maladie [pur ma käß daßü**räß** mala**di**]
für meinen Hausarzt.	pour mon médecin de famille. [pur mõ med**ßẽ** dö fa**mij**]

In der Apotheke

Ich suche eine Apotheke.	Je cherche une pharmacie. [~~sch~~ö schärsch‿ün farma**ßi**]
Ich habe ein Rezept./ Ich habe kein Rezept.	J'ai une ordonnance./Je n'ai pas d'ordonnance. [~~sch~~ä ün‿ɔrdɔ**näß**/~~sch~~ö nä pa dɔrdɔ**näß**]
Ich brauche	**J'ai besoin** [~~sch~~ä bösoẽ]
etwas gegen Husten/ Kopfschmerzen/ Sonnenbrand	de quelque chose contre la toux/ les maux de tête/le coup de soleil [dö kälk schos kõtr la tu/le mo dö tät/ lö ku dö ßɔ**läj**]
für mich	pour moi [pur mo**a**]
für Erwachsene/für Kinder.	pour adultes/pour enfants. [pur‿a**dült**/pur‿ã**fã**]
Ist das Mittel stark/mild?	Le remède est fort/doux? [lö rö**mäd**‿ä fɔr/du]
Wieviele Tabletten/Tropfen muß ich nehmen?	Combien de comprimés/gouttes faut-il prendre? [kõ**bjẽ** dö kõpri**me**/gut fot‿il prãdr]
Geben Sie mir bitte	**S'il vous plaît, donnez-moi** [ßil wu plä dɔ**ne** moa]
eine Quittung/einen Durchschlag des Rezepts.	une quittance/une copie de l'ordonnance. [ün ki**täß**/ün kɔ**pi** dö lɔrdɔ**näß**]

Feiertage und Feste

Ist heute Feiertag/Nationalfeiertag?	Aujourd'hui est un jour férié/une fête nationale? [oschurdüi ät‿ẽ schur ferje/ün fät naßjonal]
Welches Fest wird heute gefeiert?	C'est quelle fête aujourd'hui? [ßä käl fät oschurdüi]
Wo sind die schönsten Prozessionen/die schönsten Umzüge?	Où y a-t-il les plus belles processions/les plus beaux cortèges? [u jatil le plü bäl proßäßjõ/le plü bo kortäsch]
Wann beginnt das Festprogramm?	Quand est-ce que la fête commence? [kãt‿äßk la fät komãß]
Wie lange wird das Fest dauern?	La fête va durer jusqu'à quelle heure? [la fät wa düre schüßka käl‿ör]
Wo findet die Veranstaltung statt?	Où est-ce que la fête aura lieu? [u äßk la fät ora ljö]
Brauchen wir Karten?	On a besoin de billets? [õn‿a bösoẽ dö bijä]
Wo bekommen wir Karten?	Où est-ce qu'on peut avoir des billets? [u äßk‿õ pöt‿awoar de bijä]
Wieviel kosten die Karten?	Quel est le prix des billets? [käl‿ä lö pri de bijä]

Geld und Währung

Kann ich hier mit ... bezahlen?	**Puis-je payer avec** [puisch päje awäk]
Eurocheques	des eurochèques [des‿öroschäk]
Travellerschecks	des chèques de voyage [de schäk dö woajasch]
Scheckkarte	la carte de chèque [la kart dö schäk]
Kreditkarte	la carte de crédit? [la kart dö kredi]
(Wo) Gibt es hier	**(Où) Y a-t-il ici** [(u) jatil‿ißi]
eine Bank	une banque [ün bãk]
eine Wechselstube	un bureau de change [ẽ büro dö schãsch]
ein Postamt	un bureau de poste [ẽ büro dö poßt]
einen Geldautomaten?	un guichet automatique? [ẽ gischä otomatik]

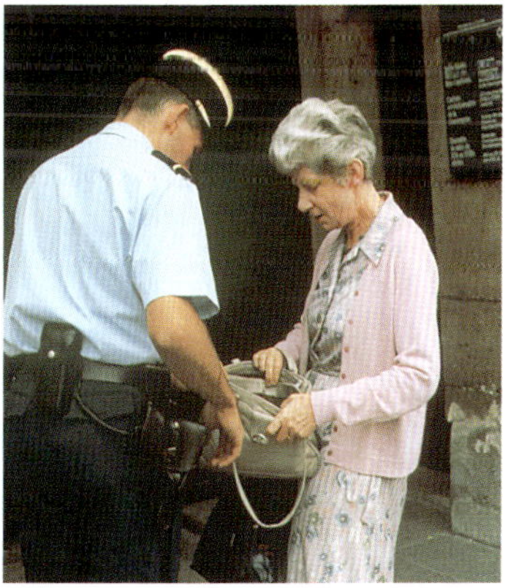

Wo kann ich hier
Geld wechseln
Eurocheques/Travellerschecks einlösen?

Où est-ce que je peux [u äßk ~~seh~~ö pö]
changer de l'argent [schã**~~seh~~e** dö lar**~~seh~~ã**]
encaisser des eurochèques/des chèques de voyage?
[ãkä**ße** des‿öro**schäk**/de schäk dö woa**ja~~seh~~**]

Kann ich hier Geld vom Postsparbuch abheben?

Puis-je retirer de l'argent de mon livret d'épargne?
[pü**isch** röti**re** dö lar**~~seh~~ã** dö mõ li**vrä** de**parnj**]

* Combien désirez-vous?
[kõ**bjẽ** desi**re** wu]

Wieviel möchten Sie?

300 (Francs).

Trois cents (Francs). [tro**a** ßã (frã)]

Wie ist der aktuelle Wechselkurs/der Höchstbetrag pro Scheck?

Quel est le cours de change actuel/le montant maximum par chèque?
[käl‿ä lö kur dö schã~~seh~~‿aktü**äl**/lö mõ**tã** maxi**mɔm** par schäk]

Ich möchte 100 DM/Schilling/Schweizer Franken (in Francs) wechseln.

Je voudrais changer cent Marks/Schillings/Francs suisses (en Francs français).
[~~seh~~ö wu**drä** schã**~~seh~~e** ßã mark/schi**ling**/frã ßü**iß** (ã frã frã**ßä**)]

Geben Sie mir bitte 100-Franc-Scheine/auch Münzen!

S'il vous plaît, donnez-moi des billets de cent Francs/aussi de la monnaie.
[ßil wu plä dɔ**ne** mo**a** de bi**jä** dö ßã frã/o**ßi** dö la mɔ**nä**]

Bekomme ich Bargeld mit meiner Kreditkarte?

Je peux avoir des espèces avec ma carte de crédit?
[~~seh~~ö pö awo**ar** des‿äß**päß** a**wäk** ma kart dö kre**di**]

* Votre carte de chèque, s'il vous plaît!
[wɔtr kart dö schäk ßil wu plä]

Ihre Scheckkarte bitte!

* Signez ici, s'il vous plaît!
[ßin**je** i**ßi** ßil wu plä]

Bitte unterschreiben Sie hier!

Ist meine Bankanweisung/Postanweisung eingetroffen?

Mon virement bancaire/Mon mandat-poste est arrivé? [mõ wir**mã** bã**kär**/mõ mã**da** pɔßt ät‿ari**we**]

Kriminalität, Polizei

Wo ist das nächste Polizeirevier?

Où est le commissariat de police le plus proche?
[u ä lö kɔmißari**a** dö pɔ**liß** lö plü prɔsch]

Rufen Sie bitte die Polizei!

Appelez la police, s'il vous plaît!
[ap**le** la pɔ**liß** ßil wu plä]

Man hat mich
bestohlen
auf der Straße/am Strand überfallen.

On m'a [õ ma]
volé [vɔ**le**]
attaqué dans la rue/à la plage.
[ata**ke** dã la rü/a la pla~~seh~~]

Dieser Mann belästigt mich/verfolgt mich.

Ce monsieur m'incommode/me poursuit.
[ßö mö**ßjö** mẽkɔ**mɔd**/mö pur**ßüi**]

Mein Auto ist aufgebrochen worden.

On a fracturé ma voiture.
[õn‿a fraktü**re** ma woa**tür**]

... ist gestohlen worden!	**On m'a volé** [õ ma vɔ**le**]
Mein Ausweis	ma pièce d'identité [ma pjäß didãti**te**]
Mein Auto/Mein Fahrrad	ma voiture/ma bicyclette [ma woa**tür**/ma bißi**klät**]
Meine Brieftasche	mon portefeuille [mõ pɔrt**föj**]
Mein Fotoapparat	mon appareil photo [mɔn‿apa**räj** fɔ**to**]
Meine Handtasche	mon sac à main [mõ ßak‿a mẽ]
Meine Schecks/ Meine Scheckkarte	mes chèques/ma carte de chèque. [me schäk/ma kart dö schäk]
Meine Uhr	ma montre! [ma mõtr]
Ich möchte ... anzeigen.	**Je voudrais déclarer** [~~sch~~ö wu**drä** dekla**re**]
einen Diebstahl/einen Betrug/einen Überfall	un vol/une escroquerie/un hold-up [ẽ vɔl/ün‿äßkrɔ**kri**/ẽn‿ɔld‿**öp**]
eine Vergewaltigung	un viol. [ẽ wjɔl]
Ich möchte	**Je voudrais** [~~sch~~ö wu**drä**]
einen Unfall melden	déclarer un accident [dekla**re** ẽn‿akßi**dã**]
mit einem Anwalt/ der Botschaft sprechen.	parler à un avocat/l'ambassade. [par**le** a ẽn‿avɔ**ka**/lãba**ßad**]
Spricht hier jemand Deutsch/ Englisch?	Y a-t-il quelqu'un qui parle allemand/anglais? [ja**til** käl**kẽ** ki parl‿al**mã**/ã**glä**]
Ich brauche	**J'ai besoin** [~~sch~~ä bösoẽ]
einen Dolmetscher	d'un interprète [dẽn‿ẽtär**prät**]
eine Bescheinigung für meine Versicherung.	d'une attestation pour mon assurance. [dün‿atäßta**ßjõ** pur mɔn‿aßü**rãß**]
Ich bin nicht schuld.	Je ne suis pas coupable. [~~sch~~ö nö ßüi pa ku**pabl**]
Damit habe ich nichts zu tun.	Je n'ai rien à faire avec ça. [~~sch~~ö nä rjẽn‿a fär‿a**wäk** ßa]
* Quand/Où est-ce que ça c'est passé? [kã/u äßk ßa ßä pa**ße**]	Wann/Wo ist es passiert?
* Remplissez, s'il vous plaît! [rãpli**ße** ßil wu plä]	Füllen Sie das bitte aus!
* Où habitez vous ici/en Allemagne/en Autriche/en Suisse? [u abi**te** wu i**ßi**/ãn‿al**manj**/ãn‿o**trisch**/ã **ßüiß**]	Wo wohnen Sie hier/in Deutschland/ in Österreich/in der Schweiz?

Notruf, Notfall

▶ **(Siehe auch Panne, Unfall, S. 24, und Im Krankenhaus, S. 75.)**

* Attention! [atã**ßjõ**]	Achtung!
* Danger (de mort)! [dã~~sch~~e (dö mɔr)]	(Lebens-)Gefahr!
* Sortie de secours [ßɔr**ti** dö ßkur]	Notausgang
Hilfe!	Au secours! [o ßkur]

Öffnungszeiten

Wann öffnet/schließt	**A quelle heure ouvre/ferme** [a käl‿ör uvr/färm]
der Supermarkt	le supermarché [lö süpärmar**sche**]
das Kaufhaus	le grand magasin [lö grã maga**sẽ**]
das Geschäft	le magasin [lö maga**sẽ**]
die Bank	la banque [la bãk]
das Postamt	le bureau de poste [lö bü**ro** dö pɔßt]
das Museum?	le musée? [lö mü**se**]
Haben Sie mittags geschlossen?	Vous fermez à midi? [wu fär**me** a mi**di**]
Haben Sie einen Ruhetag?	Avez-vous un jour de repos? [a**we** wu ẽ ~~sch~~ur dö rö**po**]

Post

Wo ist hier bitte	**S'il vous plaît, où y a-t-il** [ßil wu plä u ja**til**]
die Post	le bureau de poste [lö bü**ro** dö pɔßt]
ein Briefkasten?	une boîte à lettres? [ün boa**t**‿a lätr]
Gibt es hier Briefmarken?	Vous vendez des timbres? [wu wã**de** de tẽbr]
Ich möchte	**Je voudrais** [~~sch~~ö wu**drä**]
10 Briefmarken/ Sondermarken	dix timbres/timbres de collection [di tẽbr/tẽbr dö kɔläk**ßjõ**]
für Karten/Briefe	pour des cartes postales/lettres [pur de kart pɔ**ßtal**/lätr]
nach Deutschland/nach Österreich/in die Schweiz	pour l'Allemagne/pour l'Autriche/pour la Suisse [pur lal**manj**/pur lo**trisch**/pur la ßü**iß**]
eine Telefonkarte.	une télécarte. [ün tele**kart**]
Per Luftpost.	Par avion. [par a**vjõ**]
Per Express, bitte.	Par exprès, s'il vous plaît. [par äx**prä** ßil wu plä]
* Poste restante. [pɔßt rä**ßtãt**]	Postlagernd.
Ist Post für mich da?	Est-ce qu'il y a du courrier pour moi? [äßkil**ja** dü kur**je** pur mo**a**]
Mein Name ist …	Je m'appelle … [~~sch~~ö ma**päl**]
Ich möchte ein Päckchen/ ein Telegramm aufgeben.	Je voudrais expédier un petit paquet/ un télégramme. [~~sch~~ö wu**drä** äxpe**dje** ẽ pti pa**kä**/ẽ tele**gram**]
Wieviel kostet ein Wort?	Quel est le tarif par mot? [käl‿ä lö ta**rif** par mo]
Ich möchte nach Deutschland/ nach Österreich/in die Schweiz telefonieren.	Je voudrais téléphoner en Allemagne/ en Autriche/en Suisse. [~~sch~~ö wu**drä** telef**ɔne** ãn‿al**manj**/ãno**trisch**/ã ßü**iß**]
Kann ich durchwählen?	Puis-je téléphoner directement? [pü**isch** telef**ɔne** diräkt**mã**]

▶ (Siehe auch Telefonieren, S. 82.)

Kann ich hier ein Telefax nach … abschicken?	Puis-je envoyer ici un fax à …? [pü**isch**‿ãwoa**je** i**ßi** ẽ fax a]
Wieviel kostet das?	Quel est le prix? [käl‿ä lö pri]

Radio und Fernsehen

Auf welcher Frequenz kann man ... empfangen?	**A quelle fréquence est-ce que je peux recevoir** [a käl fre**käß** äßk ~~sch~~ö pö rößöwo**ar**]
den Verkehrsfunk	l'inforoute [lẽfo**rut**]
deutsche/englische Radiosendungen	des émissions allemandes/anglaises? [des‿emi**ßjõ** al**mãd**/ã**gläs**]
Um wieviel Uhr gibt es Nachrichten?	A quelle heure y a-t-il les informations? [a käl‿ör ja**til** les‿ẽfɔrma**ßjõ**]
Haben Sie ein Fernsehprogramm?	Vous avez un programme de télé? [wus‿a**we** ẽ prɔ**gram** dö te**le**]
Welche Programme sind zu empfangen?	Quelles chaînes peut-on recevoir? [käl schän pöt‿õ rößöwo**ar**]

Telefonieren

(Wo) Kann ich hier	**(Où) Est-ce que je peux** [(u) äßk ~~sch~~ö pö]
telefonieren	téléphoner [telefɔ**ne**]
eine Telefonkarte kaufen?	acheter une télécarte? [asch**te** ün tele**kart**]
Gibt es hier	**Y a-t-il ici** [ja**til**‿i**ßi**]
eine Telefonzelle	une cabine téléphonique [ün ka**bin** telefɔ**nik**]
ein öffentliches Telefon	un téléphone public [ẽ tele**fɔn** pü**blik**]
ein Münz-/Kartentelefon	un téléphone à jetons/à cartes [ẽ tele**fɔn**‿a ~~sch~~ö**tõ**/a kart]
eine Telefonzelle, in der ich angerufen werden kann?	une cabine téléphonique où on peut m'appeler? [ün ka**bin** telefɔ**nik** u õ pö ma**ple**]
Können Sie bitte wechseln?	Vous avez de la petite monnaie, s'il vous plaît? [wus‿a**we** dö la ptit mɔ**nä** ßil wu plä]
Ich brauche Münzen zum Telefonieren.	J'ai besoin de pièces pour téléphoner. [~~sch~~ä böso**ẽ** dö pjäß pur telefɔ**ne**]
Kann ich ein Telefonbuch von ... haben?	Puis-je avoir un annuaire de ...? [püi**sch**‿awo**ar** ẽn‿anü**är** dö]
Kann ich durchwählen nach ...?	Puis-je téléphoner directement à ...? [püi**sch** telefɔ**ne** diräkt**mã** a]
Bitte ein Ferngespräch nach ...!	Je voudrais avoir une communication interurbaine à ...! [~~sch~~ö wu**dräs**‿awo**ar**‿ün kɔmünika**ßjõ** ẽtärür**bän** a]
Wie lange muß ich warten?	Il me faut attendre combien de temps? [il mö fot‿a**tãdr** kõ**bjẽ** dö tã]
Was kostet eine Minute nach ...?	Combien coûte la minute pour téléphoner à ...? [kõ**bjẽ** kut la mi**nüt** pur telefɔ**ne** a]
Gibt es einen günstigen Nachttarif?	Y a-t-il un tarif de nuit? [ja**til** ẽ ta**rif** dö nüi]
Ich möchte ein R-Gespräch anmelden.	Je voudrais téléphoner en P. C. V. [~~sch~~ö wu**drä** telefɔ**ne** ã peßewe]
* Occupé. [ɔkü**pe**]	Besetzt.
* Ça ne répond pas. [ßa nö re**põ** pa]	Es meldet sich niemand.
Hallo!	Allô! [a**lo**]

Telefonieren

Auch in Frankreich gibt es kaum noch Münzfernsprecher. Telefonkarten, **télécartes** [tele**kart**], zu 50 oder 120 Einheiten gibt es bei der Post oder in den Tabakläden **Bar-Tabac** [bar ta**ba**].

In den Telefonzellen sind folgende Hinweise angeschlagen:

décrocher abheben – **introduire 2 FF. minimum** mindestens 2 Franc (pro Einheit: drei Minuten) einwerfen (bei Münzfernsprechern) – **numéroter** wählen.

Vorwahlen für Auslandsgespräche:
Deutschland: 00-49;
Österreich: 00-43;
Schweiz: 00-41.

Notdienstnummern (gratis):
Polizei: 17;
Feuerwehr: 18;
Information: 19.

Wer spricht?	Qui est à l'appareil? [ki‿ät‿a lapa**räj**]
Hier spricht ...	C'est ... à l'appareil. [ßä ... a lapa**räj**]
Kann ich Herrn/Frau ... sprechen?	Je voudrais parler à Monsieur/Madame ... [sehö wu**drä** par**le** a mö**ßjö**/ma**dam**]
* A l'appareil. [a lapa**räj**]	Am Apparat.
* Je regrette, il/elle n'est pas là. [sehö rö**grät** il/äl nä pa la]	Er/Sie ist leider nicht da.
Sprechen Sie Deutsch/ Englisch?	Parlez-vous allemand/anglais? [par**le** wu al**mã**/ã**glä**]
Wann ist er/sie zurück?	Quand sera-t-il/sera-t-elle de retour? [kã ßra**til**/ßra**täl** dö rö**tur**]
Ich rufe später wieder an.	Je rappellerai plus tard. [sehö rapäl**rä** plü tar]
Richten Sie bitte aus, daß ich angerufen habe.	Veuillez lui dire que j'ai appelé. [wö**je** lüi dir kö sehä ap**le**]
Meine Nummer ist ...	Mon numéro est le ... [mõ nüme**ro** ä lö]
Danke, auf Wiederhören!	Merci, au revoir! [mär**ßi** o röwo**ar**]

Toiletten

Wo sind die Toiletten bitte?	Où sont les toilettes, s'il vous plaît? [u ßõ le toa**lät** ßil wu **plä**]
Gibt es hier eine öffentliche Toilette?	Y a-t-il des toilettes publiques ici? [ja**til** de toa**lät** pü**blik**‿i**ßi**]
* Dames./Messieurs. [dam/mä**ßjö**]	Damen./Herren.

Trinkgeld

Ist der Service im Preis inbegriffen?	Le service est compris? [lö ßär**wiß**‿ä kõ**pri**]
Wieviel Trinkgeld ist üblich?	On donne combien de pourboire? [õ dɔn kõ**bjẽ** dö purbo**ar**]
Das ist für Sie!	Voilà pour vous! [woa**la** pur wu]
Behalten Sie den Rest!	Gardez-le! [gar**de** lö]
Stimmt so!	C'est bon! [ßä bõ]

Reisewörterbuch Deutsch–Französisch

A
Abend le soir [lö ßo**ar**] 12, 18
Abendessen le dîner [lö di**ne**] 16, 40
Abfahrt le départ [lö de**par**] 27, 30
Abflug le décollage [lö dekɔ**la~~sch~~**] 29
Abschied les adieux *(m)* [les‿ad**jö**] 12
abschleppen dépanner [depa**ne**] 24
Abteil le compartiment [lö kõparti**mã**] 27
Ärmel la manche [la mãsch] 65
alle tous (toutes) [tuß (tut)]
Allee l'allée *(f)* [la**le**] 22
allein seul,-e [ßöl]
alles tout [tu]
alt vieux (vieille) [wjö (wjäj)]
Alter l'âge *(m)* [la~~sch~~] 14
Ampel les feux *(m)* [le fö] 22
Amt l'office *(f)* [lɔ**fiß**] 80
andere(r) l'autre [lotr]
Anfang le début [lö de**bü**] 57
Angst la peur [la pör] 72, 78
Anrufbeantworter le répondeur automatique [lö repõ**dör**‿otoma**tik**] 82
anstrengend fatigant,-e [fati**gã,-t**]
Antiquitäten les antiquités *(f)* [les‿ãtiki**te**] 68
Anwalt l'avocat *(m)* [lavɔ**ka**] 79
Anzug le costume [lö kɔß**tüm**] 67
Apotheke la pharmacie [la farma**ßi**] 76
Arbeit le travail [lö tra**waj**] 14
Arm le bras [lö bra] 74
arm pauvre [povr]
Arzt le médecin [lö me**dßẽ**] 24, 72
Aufzug l'ascenseur *(m)* [laßã**ßör**] 38
Augenblick l'instant *(m)* [lẽß**tã**] 14
Ausflug l'excursion *(f)* [läxkür**ßjõ**] 52
Ausgang la sortie [la ßɔr**ti**] 27, 57
Auskunft le renseignement [lö rãßänj**mã**] 28, 49
Ausländer(in) l'étranger (l'étrangère) [letrã~~sch~~e (letrã**~~sch~~är**)] 13
Aussicht la vue [la wü] 50
Aussichtspunkt le point de vue [lö poẽ dö wü] 50
Ausverkauf les soldes *(m)* [le ßɔld] 61
Ausweis la pièce d'identité [la pjäß didãti**te**] 21, 79
Auto la voiture [la woa**tür**] 22, 26, 79
Autobahn l'autoroute *(f)* [loto**rut**] 22, 23
Autobahngebühr le péage [lö pe**a~~sch~~**] 22

B
Baby le bébé [lö be**be**]
Babyfläschchen le biberon [lö bi**brõ**] 62, 71
Badezimmer la salle de bains [la ßal dö bẽ] 32
Bäckerei la boulangerie [la bulã~~sch~~**ri**] 61, 64
Bahnhof la gare [la gar] 22, 27
Bahnsteig le quai [lö kä] 27, 28
Bank la banque [la bãk] 77
Baum l'arbre *(m)* [larbr] 56
Baumwolle le coton [lö kɔ**tõ**] 66
Bein la jambe [la ~~sch~~ãb] 74
Benzin l'essence *(f)* [lä**ßãß**] 23, 24
Berg le mont [lö mõ] 50, 56
Beruf la profession [la prɔfä**ßjõ**] 14
Bescheinigung l'attestation *(f)* [latäßta**ßjõ**] 24, 76
Beschwerde la réclamation [la reklama**ßjõ**] 35, 42
besetzt occupé,-e [ɔkü**pe**]
Besichtigung la visite [la wi**sit**] 49
Besitzer le propriétaire [lö prɔpriet**är**]
Besteck le couvert [lö ku**wär**] 43
betrunken ivre [ivr]
Bett le lit [lö li] 32
BH le soutien-gorge [lö ßu**tjẽ** gɔr~~sch~~] 67
Bier la bière [la bjär] 48
Bild l'image *(f)* [li**ma~~sch~~**] 50
billig bon marché [bõ mar**sche**]
Blitz l'éclair *(m)* [le**klär**] 19
Blitzlicht le flash [lö flasch] 67
Blumen les fleurs *(f)* [le flör] 61
Bluse le chemisier [lö schmi**sje**] 65, 67

Blut le sang [lö ßã] 74
böse méchant,-e [me**schã,-t**]
Boot le bateau [lö ba**to**] 53
Botschaft l'ambassade *(f)* [lãba**ßad**] 21
Boutique la boutique [la bu**tik**] 65
breit large [lar~~sch~~]
Brief la lettre [la lätr] 64, 80
Briefkasten la boîte aux lettres [la boa**t**‿o lätr] 80
Briefmarke le timbre [lö tẽbr] 80
Brille les lunettes *(f)* [le lü**nät**] 70
Bruder le frère [lö frär] 13
Brücke le pont [lö põ] 50, 75
Buch le livre [lö livr] 64
Buchhandlung la librairie [la librä**ri**] 64
Bucht la baie [la bä] 55
Burg le château fort [lö scha**to** fɔr] 50
Bus le bus [lö büß] 27, 30
Bushaltestelle l'arrêt *(m)* d'autobus [la**rä** doto**büß**] 22, 27, 30

C

Café le café [lö ka**fe**] 40
Charterflug le vol charter [lö wol schar**tär**] 29
Chef le patron [lö pa**trõ**] 32, 40
Cousin le cousin [lö ku**sẽ**] 13
Cousine la cousine [la ku**sin**] 13

D

daheim à la maison [a la mä**sõ**]
Damen les dames *(f)* [le dam] 83
Damenbinden les serviettes *(f)* hygiéniques [le ßär**wjät** i~~sch~~je**nik**] 71
danke merci [mär**ßi**] 14
Decke *(Bettdecke)* la couverture [la kuwär**tür**]; *(Zimmerdecke)* le plafond [lö pla**fõ**] 35, 38
defekt endommagé,-e [ãdɔma~~sch~~**e**]
deutsch allemand,-e [al**mã,-d**] 13
Deutsche Mark le Mark allemand [lö mark‿al**mã**] 78
Deutschland l'Allemagne *(f)* [lal**manj**] 13, 80
dick gros (grosse) [gro (groß)]
Diebstahl le vol [lö wɔl] 79
Dienstag mardi *(m)* [mar**di**] 19
dieser/diese ce/cette [ßö/ßät]
Diesel le gasole [lö ga**sɔl**] 24
Ding la chose [la schos]
direkt direct,-e [di**räkt**]
Direktflug le vol sans escale [lö wɔl ßãs‿äß**kal**] 29
Direktor le directeur [lö diräk**tör**] 32
Dolmetscher(in) l'interprête *(m, f)* [lẽtär**prät**] 79
Donnerstag jeudi *(m)* [~~sch~~ö**di**] 19
Dorf le village [lö wil**a~~sch~~**] 22
dringend urgent,-e [ür**~~sch~~ã,-t**]
Drogerie la droguerie [la drɔg**ri**] 70
dünn mince [mẽß]
dumm stupide [ßtü**pid**]
Durchgang le passage [lö pa**ßa~~sch~~**] 22
Durst la soif [la so**af**] 40
Dusche la douche [la dusch] 33, 38

E

Ebene la plaine [la plän] 56
echt véritable [weri**tabl**]
Ehefrau la femme [la fam] 13
Ehemann le mari [lö ma**ri**] 13
Ehepaar le couple marié [lö kupl mari**e**] 13
Eingang l'entrée *(f)* [lã**tre**] 22, 57
einige quelques [källk]
einkaufen faire des courses [fär de kurß] 61
Einkaufszentrum le centre commercial [lö ßãtr kɔmär**ßjal**] 61
einsam seul,-e [ßöl]
Eintritt l'entrée *(f)* [lã**tre**] 49, 57
Eintrittskarte le billet d'entrée [lö bi**jä** dã**tre**] 57
einverstanden d'accord [da**kɔr**]
Einwohner l'habitant [labi**tã**]
Eltern les parents *(m)* [le pa**rã**] 13
empfehlen recommander [rökɔmã**de**]
Endstation le terminus [lö tärmi**nüs**] 27, 30
England l'Angleterre *(f)* [lãgl**tär**] 13, 80
englisch anglais,-e [ã**glä,-s**] 13
Enkel(in) le petit fils (la petite fille) [lö pti fiß (la ptit fij)] 13
Entschuldigung! Pardon! [par**dõ**] 14
Erde la terre [la tär]
Erdgeschoß le rez-de-chaussée [lö re‿d‿scho**ße**] 32
Ergebnis le résultat [lö resül**ta**] 54
Erinnerung le souvenir [lö ßuv**nir**]
erschöpft épuisé,-e [epüi**se**]
Erwachsener l'adulte *(m, f)* [la**dült**] 28, 52
Erzählung la narration [la nara**ßjõ**]

Erziehung l'éducation *(f)* [ledükaßjõ]
Esel l'âne *(m)* [lan]
eßbar mangeable [mãschabl]
Essen le repas [lö röpa] 40

F

Fabrik l'usine *(f)* [lüsin]
Fähre le ferry-boat [lö feri bɔt] 29
Fahrkarte le billet [lö bijä] 27, 30
Fahrplan l'horaire *(m)* [lɔrär] 27, 30
Fahrrad la bicyclette [la bißiklät] 22, 26, 79
falsch faux (fausse) [fo (foß)]
Familie la famille [la famij] 13
Farbe la couleur [la kulör] 20
Fehler l'erreur *(m)* [lärör] 27, 78
Feiertag le jour férié [lö schur ferje] 77
Feld le champ [lö schã] 56
Ferien les vacances *(f)* [le wakãß] 36
Ferienhaus la maison de vacances [la mäsõ dö wakãß] 36
Ferngespräch la communication interurbaine [la kɔmünikaßjõ ẽtärürbän] 82
fertig prêt,-e [prä,-t]
Fest la fête [la fät] 60, 77
fest solide [ßɔlid]
feucht humide [ümid]
Feuer le feu [lö fö] 79
Feuerlöscher l'extincteur *(m)* [läxtẽktör] 24, 79
Feuerwehr les pompiers *(m)* [le põpje] 24, 79
Film le film [lö film]; *(Fotoapparat)* la pellicule [la pälikül] 67, 68
Finger le doigt [lö doa] 74
Firma l'entreprise [lãtpris]
Fischgeschäft la poissonnerie [la poaßɔnri] 45, 64
Flasche la bouteille [la butäj] 42, 64
Flaschenöffner l'ouvre-bouteille [luvr butäj] 61
Fliege la mouche [la musch]
flirten flirter [flörte]
Flohmarkt le marché aux puces [lö marsche o püß] 61
Flug le vol [lö vɔl] 29
Flughafen l'aéroport *(m)* [laerɔpɔr] 22, 29
Flugzeug l'avion *(m)* [lavjõ] 29
Fluß le fleuve [lö flöv] 56
fort parti,-e [parti]
Foto la photo [la fɔto] 67, 68
Fotoapparat l'appareil *(m)* photo [laparäj fɔto] 67
Frage la question [la käßtjõ] 16
Frankreich la France [la frãß] 13, 80
französisch français,-e [frãßä,-s] 13
Frau la femme [la fam]; *(Anrede)* Madame [madam] 12
frei libre [libr]
Freitag vendredi *(m)* [wãdrdi] 19
Fremdenverkehrsamt l'office *(m)* de tourisme [lɔfiß dö turism] 49
Freund(in) l'ami(e) *(m, f)* [lami] 14
frisch frais (fraîche) [frä (fräsch)]
Friseur le coiffeur [lö koaför]
früh tôt [to]
Frühling le printemps [lö prẽtã] 19
Frühstück le petit déjeuner [lö pti deschöne] 33, 40, 44
Führerschein le permis de conduire [lö pärmi dö kõdüir] 21
Fundbüro le bureau des objets trouvés [lö büro des‿ɔbschä truwe] 49, 78
Fußball le football [lö futbɔl] 54
Fußgänger le piéton [lö pjetõ] 22

G

Gabel la fourchette [la furschät] 43
Garantie la garantie [la garãti]
Garten le jardin [lö schardẽ] 50
Geburtstag l'anniversaire *(m)* [laniwärßär] 14
Gefahr le danger [lö dãsche] 54
gekocht bouilli,-e [buji]
Geld l'argent *(m)* [larschã] 77
Geldbeutel le porte-monnaie [lö pɔrtmɔnä] 79
Geldwechsel le change [lö schãsch] 78
Gemüse les légumes *(m)* [le legüm] 46, 62
geöffnet ouvert,-e [uvär,-t] 80
Gepäck les bagages *(m)* [le bagasch] 28, 38
Gepäckaufbewahrung la consigne [la kõßinj] 28
geradeaus tout droit [tu droa]
Geruch l'odeur *(f)* [lɔdör] 40
Geschäft le magasin [lö magasẽ] 61
Geschenk le cadeau [lö kado] 68
geschlossen fermé,-e [färme] 80
Geschmack le goût [lö gu] 40
Geschwindigkeit la vitesse [la witäß] 22, 27

gesund en bonne santé [ã bɔn ßãte]
Getränk la boisson [la boaßõ] 48
Gewicht le poids [lö poa] 61
Gewitter l'orage *(m)* [lɔraseh] 19
giftig toxique [tɔxik]
Glas le verre [lö wär] 42, 43
glücklich heureux (heureuse) [örö (örös)]
Grad le degré [lö dögre] 19, 73
gratis gratuit [gratüi]
Grenze la frontière [la frõtjär] 21
groß grand,-e [grã,-d]
Großmutter la grand-mère [la grãmär] 13
Großvater le grand-père [lö grãpär] 13
grüßen saluer [ßalüe]
Grund la raison [la räsõ]
Gruppe le groupe [lö grup] 49
gültig valable [walabl]
Gürtel la ceinture [la ßẽtür] 67
Gummistiefel la botte en caoutchouc [la bɔt‿ã kautschu] 67
gut bon (bonne) [bõ (bɔn)]

H

Haarbürste la brosse à cheveux [la brɔß‿a schwö] 71
Haare les cheveux *(m)* [le schwö] 70
Haarspray la laque [la lak] 71
häßlich laid,-e [lä,-d]
Hafen le port [lö pɔr] 22, 29, 50
Halstuch le foulard [lö fular] 67
Haltestelle l'arrêt *(m)* [larä] 27, 30
Handgepäck les bagages *(m)* à main [le bagaseh‿a mẽ] 29
Handschuhe les gants *(m)* [le gã] 67
Handtasche le sac à main [lö ßak‿a mẽ] 61, 78
Handtuch la serviette de toilette [la ßärwjät dö toalät] 35, 38
hart dur,-e [dür]
Haus la maison [la mäsõ] 36
hausgemacht fait maison [fä mäsõ]
Heimat le pays natal [lö pei natal] 13
heiß chaud,-e [scho,-d]
heißen s'appeler [ßapöle]
Heizung le chauffage [lö schofaseh] 35, 38
helfen aider [äde]
hell clair,-e [klär] 20
Hemd la chemise [la schmis] 65
Herbst l'automne *(m)* [lotɔn] 19
Herein! Entrez! [ãtre]
Herren les messieurs *(m)* [le mäßjö] 83
Hilfe! Au secours! [o ßkur] 79
Himmel le ciel [lö ßjäl] 19
Hobby les loisirs *(m)* [le loasir] 53
hoch haut,-e [o,-t]
Hochzeit le mariage [lö mariaseh]
Holz le bois [lö boa] 36
Hose le pantalon [lö pãtalõ] 65
hübsch joli,-e [sehɔli]
Hütte la cabane [la kaban] 36
Hund le chien [lö schjẽ] 36
Hunger la faim [la fẽ] 40
Hut le chapeau [lö schapo] 67

I

Imbiß la casse-croûte [la kaß krut] 40
Immobilienmakler l'agent *(m)* immobilier [lasehã imɔbilje]
Insel l'île *(f)* [lil] 50
intelligent intelligent,-e [ẽtälisehã,-t]
interessant intéressant,-e [ẽteräßã,-t]

J

ja oui [ui]
Jacke la veste [la wäßt] 65
Jahr l'an *(m)* [lã] 18, 19
Jahreszeit la saison [la ßäsõ] 19
Jeans le jean [le sehin] 65
jemand quelqu'un [kälkẽ]
Jugendherberge l'auberge *(f)* de jeunesse [lobärseh dö sehönäß] 38
jung jeune [sehön]
Junge le garçon [lö garßõ] 13
Juwelier le bijoutier [lö bisehutje] 66

K

Kabine la cabine [la kabin] 30
kalt froid,-e [froa,-d] 19, 43
Kamm le peigne [lö pänj] 71
Kapelle la chapelle [la schapäl] 50
kaputt cassé,-e [kaße]
Kathedrale la cathédrale [la katedral] 50
Katze le chat [lö scha] 36
kaufen acheter [aschte]
Kaufhaus le grand magasin [lö grã magasẽ] 61
Kellner(in) le garçon (la serveuse) [lö garßõ (la ßärwös)] 40
Keramik la céramique [la ßeramik] 68
Kette la chaîne [la schän] 26
Kilo le kilo [lö kilo] 20, 64
Kind l'enfant *(m, f)* [lãfã] 13

Kino le cinéma [lö ßinema] 57
Kiosk le kiosque [lö kioßk] 61
Kirche l'église *(f)* [leglis] 50
Kissen l'oreiller [loräje] 35, 38
klar clair,-e [klär]
Kleid la robe [la rob] 65
Kleidung les vêtements *(m)* [le wätmã] 65
klein petit,-e [pti,-t]
Klimaanlage l'air *(m)* conditionné [lär kõdißjone] 38
Kloster le couvent [lö kuvã] 50
Kneipe le bistro [lö bistro] 40
Knopf le bouton [lö butõ]
Körper le corps [lö kor] 74
Körperlotion le lait de toilette [lö lä dö toalät] 71
Koffer la valise [la walis] 28, 29
Kondom le préservatif [lö presärwatif] 71
Konzert le concert [lö kõßär] 57
Kopf la tête [la tät] 74
Korkenzieher le tire-bouchon [lö tir buschõ] 61
Kosmetik les articles *(m)* de toilette [les‿artikl dö toalät] 71
Kostüm le tailleur [lö tajör] 67
krank malade [malad] 72
Krankenhaus l'hôpital *(m)* [lopital] 75
Krankenwagen l'ambulance *(f)* [läbüläß] 24, 72
Krawatte la cravate [la krawat] 67
Kreditkarte la carte de crédit [la kart dö kredi] 34, 77
Kreuzfahrt la croisière [la kroasjär] 29
Küste la côte [la kot] 53
Kunsthandwerk l'artisanat *(m)* d'art [lartisana dar] 68
Kurswagen la voiture directe [la woatür diräkt] 27
kurz court,-e [kur,-t]
Kuß le baiser [lö bäse]

L

Laden le magasin [lö magasẽ] 61
Lärm le bruit [lö brüi]
Land le pays [lö pei]
Landgut la propriété rurale [la propriete rüral] 22, 32
Landkarte la carte géographique [la kart scheografik] 49
Landschaft le paysage [lö peisasch] 51
Landstraße la chaussée [la schoße] 22
lang long (longue) [lõ (lõg)]
langsam lent,-e [lã,-t]
langweilig ennuyeux (ennuyeuse) [ãnüijö (ãnüijös)]
Lastwagen le camion [lö kamjõ] 23
laut bruyant,-e [brüijã,-t]
leben vivre [vivr]
Lebensmittel les alimentations *(f)* [les‿alimãtaßjõ] 62, 64
Leder le cuir [lö küir] 68
Lederwaren la maroquinerie [la marokinri] 68
ledig célibataire [ßelibatär]
leer vide [wid]
leicht léger (légère) [lesche (leschär)]
leider malheureusement [malörösmã]
Leinen le lin [lö lẽ] 66
Licht la lumière [la lümjär] 35, 38
lieben aimer [äme]
Liegestuhl la chaise longue [la schäs lõg] 53
Liegewagen la couchette [la kuschät] 28
Linienflug le vol de ligne [lö vol dö linj] 29
links à gauche [a gosch]
Lippenstift le rouge à lèvres [lö rusch‿a lävr] 71
Liter le litre [lö litr] 64
Löffel la cuillère [la küijär] 43
Luft l'air *(m)* [lär]
Luftmatratze le matelas pneumatique [lö matla pnömatik] 53

M

Mädchen la fille [la fij] 13
Mahlzeit le repas [lö röpa] 40
Make-up le maquillage [makijasch] 71
Mann l'homme *(m)* [lom]
Mantel le manteau [lö mãto] 67
Markt(halle) le marché (couvert) [lö marsche (kuwär)] 51, 61
Medikament le médicament [lö medikamã] 73
Meer la mer [la mär] 53
Messer le couteau [lö kuto] 43
Meter le mètre [lö mätr] 20
Metzgerei la boucherie [la buschri] 61
Mittag le midi [lö midi] 18
Mittagessen le déjeuner [lö deschöne] 16, 40
Mittwoch mercredi *(m)* [märkrdi] 19
Mode la mode [la mod] 65

modern moderne [mɔdärn]
möglich possible [poßibl]
Monat le mois [lö moa] 19
Montag lundi *(m)* [lẽdi] 19
Morgen le matin [lö matẽ] 12, 18
Motor le moteur [lö mɔtör] 26, 27
Motorrad la moto [la mɔto] 22, 26
Mücke la moustique [la mußtik]
Mückenschutzmittel la crème antimoustique [la kräm ãtimußtik] 71
müde fatigué,-e [fatige]
Müll les ordures *(f)* [les‿ɔrdür] 39
Münze la pièce de monnaie [la pjäß dö mɔnä] 39, 77
Mütze le bonnet [lö bɔnä] 67
Mundwasser le gargarisme [lö gargarism] 71
Musik la musique [la müsik] 57, 58
Mutter la mère [la mär] 13

N

Nachbar le voisin [lö woasẽ] 13
Nachrichten les informations *(f)* [les‿ẽfɔrmaßjõ] 82
Nacht la nuit [la nüi] 12, 18
Nachtisch le dessert [lö deßär] 41, 47
nackt nu,-e [nü]
Nagelfeile la lime à ongles [la lim‿a õgl] 71
Nagellack le vernis à ongles [lö wärni a õgl] 71
Nagellackentferner le dissolvant [lo dißɔlwä] 71
Nagelschere les ciseaux *(m)* à ongles [le ßiso a õgl] 71
Nahverkehrszug le train suburbain [lö trẽ ßübürbẽ] 27
Name le nom [lö nõ] 12
naß mouillé,-e [muje]
Natur la nature [la natür] 56
Naturfaser la fibre naturelle [la fibr natüräl] 66
Neffe le neveu [lö nöwö] 13
nein non [nõ]
nett gentil,-le [sehãti,-j]
neu nouveau (nouvelle) [nuwo (nuwäl)]; *(fabrikneu)* neuf (neuve) [nöf (nöw)]
Nichte la nièce [la njäß] 13
Nichtraucher non-fumeurs [nõ fümör] 28
nötig nécessaire [neßäßär]
Norden le nord [lö nɔr] 22
normal normal,-e [nɔrmal]
Notbremse le frein d'alarme [lö frẽ dalarm] 27, 30
Notrufsäule la borne de détresse [la bɔrn dö deträß] 24, 79
Nummer le numéro [lö nümero] 22, 82

O

Obst les fruits *(m)* [le früi] 62
Öffnungszeiten les heures *(f)* d'ouverture [les‿ör duvärtür] 80
Österreich l'Autriche *(f)* [lotrisch] 13, 80
österreichisch autrichien (autrichienne) [otrischjẽ, (otrischjän)] 13
offen ouvert,-e [uwär,-t]
Ohrringe les boucles *(f)* d'oreille [le bukl dɔräj] 67
Onkel l'oncle *(m)* [lõkl] 13
Optiker l'opticien *(m)* [lɔptißjẽ] 70
Ort l'endroit *(m)* [lãdroa] 22
Osten l'est *(m)* [läßt] 22

P

Paar la paire [la pär] 20
Päckchen le petit paquet [lö pti pakä] 80
Palast le palais [lö palä] 50
Parfüm le parfum [lö parfẽ] 71
Parkplatz le parking [lö parking] 23, 34, 39
Paß le passeport [lö paßpɔr] 21, 78
Passagier le passager [lö paßasehe]
Pension la pension [la pãßjõ] 32, 39
Pflanze la plante [la plãt] 56, 61
pH-neutral pH neutre [pe asch nötr]
Pinzette la pince [la pẽß] 71
Platz la place [la plaß] 22, 28
Politik la politique [la pɔlitik]
Polizei la police [la pɔliß] 24, 78
Polizist l'agent *(m)* de police [lasehã dö pɔliß] 78
Post le courrier [lö kurje] 80
Postamt le bureau de poste [lö büro dö pɔßt] 77, 80
Postleitzahl le code postal [lö kɔd pɔßtal] 80
Präservativ le préservatif [lö presärwatif] 71
Preis le prix [lö pri] 61
Priester le prêtre [lö prätr]

Programm le programme [lö prɔgram] 82
Promille le taux d'alcoolémie [lö to dalkɔlemi]
Prozent pour cent [pur ßã]
Puder la poudre [la pudr] 71
pünktlich à l'heure [a lör]
Pullover le pullover [lö pülɔwär] 65

Q

Qualität la qualité [la kalite] 61
Qualle la méduse [la medüs] 53, 72
Quelle la source [la ßurß] 50
Quittung la quittance [la kitãß] 43, 76

R

Rabatt la réduction [la redükßjõ] 61
radfahren faire du vélo [fär dü welo]
Radio la radio [la radjo] 67, 82
Rasen le gazon [lö gasõ]
Rasierklingen les lames *(f)* de rasoir [le lam dö rasoar] 71
Rasthaus le relais routier [lö rölä rutje] 40
Rathaus la mairie [la märi]; *(in großen Städten)* l'hôtel de ville [lotäl dö wil] 50
rechts à droite [a droat]
Regen la pluie [la plüi] 19
Regenmantel l'imperméable *(m)* [lẽpärmeabl] 65
Regierung le gouvernement [lö guwärnmã]
reich riche [risch]
Reifen le pneu [lö pnö] 26
(chemische) Reinigung le nettoyage (à sec) [lö nätoajasch‿(a ßäk)] 66
Reise le voyage [lö woajasch] 21
Reisebüro l'agence *(f)* de voyage [laschãß dö woajasch] 49
Reisebus le car [lö kar] 52
Reiseführer le guide touristique [lö gid turißtik] 52
Reisescheck le chèque de voyage [lö schäk dö woajasch] 34, 77
Reißverschluß la fermeture éclair [la färmtür‿eklär] 61
Restaurant le restaurant [lö räßtorã] 40, 42
Rettungsboot le canot de sauvetage [lö kano dö ßovtasch] 29, 53
Rezept l'ordonnance *(f)* [lɔrdɔnãß] 76
Rezeption la réception [la reßäpßjõ] 32
richtig juste [schüßt]
Richtung la direction [la diräkßjõ] 22, 30
Rock la jupe [la schüp] 65
Rucksack le sac à dos [lö ßak‿a do] 56
Ruhe le silence [lö ßilãß]
ruhig tranquille [trãkil]
rund rond,-e [rõ,-d]
Rundfahrt le voyage circulaire [lö woajasch ßirkülär] 49, 52

S

Saal la salle [la ßal] 51
Sache la chose [la schos]
Sakko la veste [la wäßt] 67
Samstag samedi *(m)* [ßamdi] 19
Sandalen les sandales *(f)* [le ßãdal] 67
satt rassasié,-e [raßasje]
sauber propre [prɔpr]
Schade! Dommage! [dɔmasch] 14
Schaffner le contrôleur [lö kõtrolör] 27, 30
Schal l'écharpe *(f)* [lescharp] 67
Schallplatten les disques *(m)* [le dißk] 61
Schalter le guichet [lö gischä] 27, 30
Schaufenster la vitrine [la witrin] 61
Scheck le chèque [lö schäk] 34, 77
Schere les ciseaux *(m)* [le ßiso] 71
Scherz la plaisanterie [la pläsãtri]
schicken envoyer [ãwoaje]
Schiff le bateau [lö bato] 29
Schild le panneau [lö pano] 23, 28, 54
Schilling le Schilling [lö schiling] 78
Schlafanzug le pyjama [lö pischama] 67
Schlafwagen le wagon-lit [lö wagõ li] 28
schlank mince [mẽß]
schlecht mauvais,-e [mowä,-s]
Schließfach la consigne automatique [la kõßinj‿otomatik] 28
Schloß le château [lö schato] 51
Schlüssel la clé [la kle] 36, 39
Schmerzen les douleurs *(f)* [le dulör] 72, 73
Schmuck les bijoux *(m)* [le bischu] 66
schmutzig sale [ßal]
schnell vite [wit]
Schnuller la sucette [la ßüßät] 71
schön beau (belle) [bo (bäl)]
schrecklich affreux (affreuse) [afrö, afrös]

Schreibwaren les articles *(m)* de papeterie [les‿artikl dö papätri] 64
schriftlich par écrit [par‿ekri]
schüchtern timide [timid]
Schüssel le saladier [lö ßaladje]
Schuh la chaussure [la schoßür] 65
Schuhcreme le cirage [lö ßiraseh] 65
Schuld la culpabilité [la külpabilite] 24, 78
Schwägerin la belle-sœur [la bäl ßör] 13
Schwager le beau-frère [lö bo frär] 13
Schwamm l'éponge [lepõseh] 71
schwanger enceinte [ãßẽt] 73
schwarz noir,-e [noar] 20
Schweiz la Suisse [la ßüiß] 13, 80
Schweizer Franken le Franc suisse [lö frã ßüiß] 78
Schweizer le Suisse [lö ßüiß] 13
Schweizerin la Suisse [la ßüiß] 13
schwer lourd,-e [lur,-d]
Schwester la sœur [la ßör] 13
schwierig difficile [difißil]
Schwimmbad la piscine [la pißin] 34, 53
Schwimmweste le gilet de sauvetage [lö sehilä dö ßovtaseh] 53, 55
schwindlig pris,-e de vertiges [pri,-s dö wärtiseh]
See, der le lac [lö lak] 53, 56
(hoher) Seegang la mer démontée [la mär demõte] 29, 53
Seeigel l'oursin *(m)* [lurßẽ] 53, 72
Seekrankheit le mal de mer [lö mal dö mär] 29, 72
Sehenswürdigkeit la curiosité [la küriosite] 49
sehr beaucoup [boku]; *(vor Adjektiv)* très [trä]
Seide la soie [la ßoa] 66
Seife le savon [lö ßawõ] 71
Sekunde la seconde [la ßögõd] 18
Selbstbedienung le libre service [lö libr ßärwiß] 40, 61
selten rare [rar]
Serviette la serviette [la ßärwjät] 43
Sex le sex [lö ßäx]
Shorts le short [lö schort] 67
sicher sûr,-e [ßür]
Sicherheit le sécurité [la ßekürite] 54, 79
Sicherheitsgurt la ceinture de sécurité [la ßẽtür dö ßekürite] 26
Sicherung le fusible [lö füsibl] 26
Sicht la vue [la wü]
sichtbar visible [wisibl]
Single le single [lö ßẽgl] 14
Situation la situation [la ßitüaßjõ]
Sitzplatz le siège [lö ßjäseh] 27, 30
Socken les chaussettes *(f)* [le schoßät] 65
Sohn le fils [lö fiß] 13
Sommer l'été *(m)* [lete] 19
Sonderangebot l'offre *(f)* spéciale [lɔfr ßpeßjal] 61
Sondertarif le tarif spécial [lö tarif ßpeßjal] 29
Sonne le soleil [löl ßɔläj] 19
Sonnenbrille les lunettes *(f)* de soleil [le lünät dö ßɔläj] 70
Sonnencreme la crème solaire [la kräm ßɔlär] 55, 70
Sonnenschirm le parasol [lö paraßɔl] 53
Sonntag dimanche *(m)* [dimãsch] 19
spät tard [tar] 19
Sparkasse la caisse d'épargne [la käß deparnj] 77
Spaß la plaisanterie [la pläsãtri] 57
Spaziergang la promenade [la prɔmnad] 49, 56
Speisekarte la carte [la kart] 41, 44
Spezialitäten les spécialités *(f)* [le ßpeßjalite] 40
spielen jouer [sehue]
Spielzeug les jouets *(m)* [le sehuä] 61
Sport le sport [lö ßpɔr] 54
Sportartikel les articles *(m)* de sport [les‿artikl dö ßpɔr] 61
Sportplatz le stade [lö ßtad] 39, 54
Sprache la langue [la lãg] 13, 15
Spülmittel le produit à vaisselle [lö prɔdüi a wäßäl] 71
Staat l'état *(m)* [leta]
Stadt la ville [la wil] 22, 51
Stadtplan le plan de ville [lö plã dö wil] 49
Stadtteil le quartier [lö kartje] 22, 51
Stadtzentrum le centre ville [lö ßãtr wil] 22, 50
Stand-by stand by [ßtãd bai] 29
Start le départ [lö depar]; *(Flugzeug)* le décollage [lö dekɔlaseh] 29
steil raide [räd]
Stein la pierre [la pjär]
sterben mourir [murir]

Steward le steward [lö ßtu**ar**] 29
Stewardeß l'hôtesse *(f)* de l'air [lo**täß** de lär] 29
Stiefel la botte [la bɔt] 67
Stockwerk l'étage *(m)* [le**taseh**] 32
stören déranger [derã**sehe**]
Stoff le tissu [lö ti**ßü**] 66
(Geld-)Strafe l'amende *(f)* [la**mãd**] 78
Strand la plage [la pla**seh**] 34, 53
Straße la rue [la rü] 22
Straßenbahn le tram [lö tram] 30
Streichhölzer les allumettes *(f)* [les‿alü**mät**] 71
Strickwaren les tricotages *(m)* [le trikɔ**taseh**] 67
Strom le courant [lö ku**rã**] 37, 39
Strümpfe les bas *(m)* [le ba] 67
Strumpfhose le collant [lö kɔ**lã**] 67
Stuhl la chaise [la schäs]
Stunde l'heure *(f)* [lör] 19
Sturm la tempête [la tã**pät**] 19, 55
Süden le sud [lö ßüd] 22
Süßwaren la confiserie [la kõfis**ri**] 61
Summe la somme [la ßɔm]
Supermarkt le supermarché [lö ßüpärmar**sche**] 61
Sweatshirt le sweatshirt [le swät**schört**] 67
Swimmingpool la piscine [la pi**ßin**] 34, 53
synthetisch synthétique [ßẽte**tik**]

T

Tabak le tabac [lö ta**ba**] 71
Tabakladen le bureau de tabac [lö bü**ro** dö ta**ba**] 71
Tabletten les comprimés *(m)* [le kõpri**me**] 73
Tag le jour [lö **seh**ur] 12, 19
Tageskarte la carte journalière [la kart sehurnal**jär**] 30, 49
Tampons les tampons *(m)* hygiéniques [le tã**põ** isehje**nik**] 71
Tankstelle la station service [la ßta**ßjõ** ßär**wiß**] 24
tanzen danser [dã**ße**] 58, 59
Tasse la tasse [la taß] 43
Taxi le taxi [lö ta**xi**] 31
Teil la partie [la par**ti**]
Telefax le fax [lö fax] 35, 80
Telefon le téléphone [lö tele**fɔn**] 82, 83
Telefonbuch l'annuaire *(m)* téléphonique [lanü**är** telefɔ**nik**] 82
Telegramm le télégramme [lö tele**gram**] 80
Teller l'assiette *(f)* [la**ßjät**] 43
Temperatur la température [la tãpera**tür**] 19
teuer cher (chère) [schär (schär)]
Theater le théâtre [lö te**atr**] 51
Ticket le ticket [lö ti**kä**] 27, 30, 57
tief profond,-e [prɔ**fõ,-d**]
Tier l'animal *(m)* [lani**mal**] 36
Tisch la table [la tabl] 40
Tochter la fille [la fij] 13
Toilette les toilettes *(f)* [le toa**lät**] 28, 32, 83
Toilettenpapier le papier hygiénique [lö pa**pje** isehje**nik**] 35, 71, 83
Topf le pot [lö po] 38
Tourist le touriste [lö tu**rißt**] 49
Touristin la touriste [la tu**rißt**] 49
Tragflächenboot l'hydroglisseur *(m)* [lidrɔgli**ßör**] 29
traurig triste [trißt]
Treppe l'escalier *(m)* [läßkal**je**] 38
treu fidèle [fi**däl**]
trinken boire [bo**ar**] 48
Trinkgeld le pourboire [lö purbo**ar**] 83
Trinkwasser l'eau *(f)* potable [lo pɔ**tabl**] 28, 39
Trödler le brocanteur [lö brɔkã**tör**]
T-Shirt le T-shirt [lö te**schört**] 65
Tür la porte [la pɔrt]
Tunnel le tunnel [lö tü**näl**] 22
Turm la tour [la tur] 51
Turnschuhe les baskets [le baß**kä**] 65
typisch typique [ti**pik**]

U

U-Bahn le métro [lö me**tro**] 30, 31
Übelkeit la nausée [la no**se**] 72
Überraschung la surprise [la ßür**pris**]
Ufer le bord [lö bɔr] 53
Uhr *(Armbanduhr)* la montre [la mõtr]; *(Wecker)* le réveil [lö re**wäj**] 66
Uhrmacher l'horloger *(m)* [lɔrlɔ**sehe**] 66
Uhrzeit l'heure *(f)* [lör] 17
Umleitung la déviation [la dewia**ßjõ**] 23
Umwelt l'environnement *(m)* [lãwirɔn**mã**] 56
Umweltschutz la conservation de la nature [la kõßärwa**ßjõ** dö la na**tür**] 56

unbekannt inconnu,-e [ẽkonü]
Unfall l'accident *(m)* [lakßidã] 24
ungefähr environ [ãwirõ]
Unglück le malheur [lö malör] 79
unglücklich malheureux (malheureuse) [malörö (malörös)]
ungültig *(Pass)* périmé [perime] 21
Unkosten les frais *(m)* [le frä]
unmöglich impossible [ẽpoßibl]
unschuldig innocent,-e [inoßã,-t]
Unterhaltung l'amusement *(m)* [lamüsmã] 57
Unterhemd le tricot [lö triko] 67
Unterhose le slip [lö ßlip] 67
Unterkunft le logement [lö loschmã] 32
Unterschied la différence [la diferãß]
Unterschrift la signature [la ßinjatür] 21, 78
Untersuchung l'examen *(m)* [lägsamẽ]; *(Blut-)* l'analyse [lanalis] 72
Unterwäsche les sous-vêtements *(m)* [le ßu wätmã] 65
Urlaub les vacances *(f)* [le wakãß]
Ursache la cause [la kos]
Urteil le jugement [lö schüschmã]
Urwald la forêt vierge [la forä wjärsch] 56

V

Vater le père [lö pär] 13
Verabredung le rendez-vous [lö rãde wu] 14
Veranstaltungskalender le programme des spectacles [lö program de ßpäktakl] 49
Verbindung la liaison [la liäsõ] 27, 30
verboten interdit,-e [ẽtärdi,-t]
verdorben pourri,-e [puri]
Vergangenheit le passé [lö paße]
vergessen oublier [ublie]
Vergewaltigung le viol [lö wiol] 79
verheiratet marié,-e [marie] 14
Verhütungsmittel le contraceptif [lö kõtraßäptif] 71, 76
Verkauf la vente [la wãt] 61
Verkehr la circulation [la ßirkülaßjõ] 23
verletzt blessé,-e [bleße]
verschieden différent,-e [diferã,-t]
versehentlich par erreur [par‿ärör]
Versicherung l'assurance [laßürãß] 22
Vertrag le contrat [lö kõtra] 22
Verwandter le parent [lö parã] 13
Verwechslung la confusion [la kõfüsjõ] 14
Verzeihung! Pardon! [pardõ] 14
Videokassette la cassette vidéo [la kaßät wideo] 61, 67
viel beaucoup (de) [boku (dö)]
Visum le visa [lö wisa] 21
Volk le peuple [lö pöpl]
voll plein (pleine) [plẽ (plän)]
Vollpension la pension complète [la pãßjõ kõplät] 33
Vormittag la matinée [la matine] 19
Vorort la banlieue [la bãljö] 22
Vorspeise *(kalt)* le hors d'oeuvre [lö or dövr]; *(warm)* l'entrée [lãtre] 41, 44
Vorstellung le spectacle [lö ßpäktakl]
Vorverkauf la location [la lokaßjõ] 57
Vorwahl l'indicatif *(m)* [lẽdikatif] 82

W

Währung la monnaie [la monä] 77
Wäscherei la blanchisserie [la blãschißri] 66
wahr vrai,-e [wrä]
Wald la forêt [la forä] 51, 56
wandern marcher [marsche] 56
warm chaud,-e [scho,-d]
warten attendre [atãdr]
Wartezimmer la salle d'attente [la ßal datãt] 72
Waschlotion le savon liquide [lö ßawõ likid] 71
Waschmittel le détergent [lö detärschã] 71
Wasser l'eau *(f)* [lo] 37, 39
Watte le coton hydrophile [lö kotõ idrofil] 71
Wattestäbchen les cotons *(m)* tiges [le kotõ tisch] 71
wechseln changer [schasche]
Wechselstube le bureau de change [lö büro dö schãsch] 77, 78
Wecker le réveil [lö rewäj] 66
Weg le chemin [lö schmẽ] 22
Wegweiser le poteau indicateur [lö poto ẽdikatör] 22
weich souple [ßupl]
weinen pleurer [plöre]
weiß blanc (blanche) [blã (blãsch)] 20
weit loin [loẽ]

Welle la vague [la wag] 53, 55
Welt le monde [lö mõd]
wenig peu [pö]
Werkstatt l'atelier *(m)* [latöl**je**] 24, 27
werktags en semaine [ã ßmän] 19
Wert la valeur [la wa**lör**]
Weste le gilet [lö ~~sch~~i**lä**] 67
Westen l'ouest *(m)* [lu**äßt**] 22
Wetter le temps [lö tã] 19
Wettervorhersage les prévisions *(f)* météorologiques [le prewi**sjõ** meteɔrɔlɔ**~~sch~~ik**] 19
wichtig important,-e [ẽpɔr**tã**,-t]
Wildleder le daim [lö dẽ] 68
Willkommen! Bienvenu! [bjẽwö**nü**] 14
Wind le vent [lö wã] 19
Windeln les langes *(f)* [le lã~~sch~~] 71
Winter l'hiver *(m)* [li**wär**] 19
Wirt le patron [lö pa**trõ**] 40
Woche la semaine [la ßmän] 19
wohnen habiter [abi**te**]
Wohnmobil le camping-car [lö kã**ping** kar] 22, 37
Wohnsitz le domicile [lö dɔmi**ßil**] 79
Wohnung l'appartement *(m)* [lapart**mã**] 32, 36
Wohnwagen la caravane [la kara**wan**] 36, 39
Wolle la laine [la län] 66
wollen vouloir [wu**loar**]
Wort le mot [lö mo]
wünschen désirer [desi**re**]
wütend furieux (furieuse) [füri**ö** (füri**ös**)]

Z

Zahl le chiffre [lö schifr]
(be)zahlen payer [pä**je**] 34, 43, 64
Zahnarzt le dentiste [lö dã**tißt**] 74
Zahnbürste la brosse à dents [la brɔß‿a dã] 71
Zahnpasta le dentifrice [lö dãti**friß**] 71
Zeit le temps [lö tã] 18
Zeitschrift la revue [la rö**wü**] 64
Zeitung le journal [lö ~~sch~~ur**nal**] 64
Zentimeter le centimètre [lö ßãti**mätr**] 20
Zentrum le centre [lö ßãtr] 22
zerbrechlich fragil,-e [fra**~~sch~~il**]
Zeuge le témoin [lö temo**ẽ**] 27
Ziel le but [lö bü] 22, 54
Zigarette la cigarette [la ßiga**rät**] 71
Zimmer la chambre [la schãbr] 32, 34
Zoll la douane [la du**an**] 21
zufrieden content,-e [kõ**tã,-t**]
Zug le train [lö trẽ] 27
Zuschlag le supplément [lö ßüple**mã**] 27, 30
zuständig compétent,-e [kõpe**tã,-t**]
zuviel trop [tro]
Zweifel la doute [la dut]
Zwischenlandung l'escale *(f)* [läß**kal**]

Reisewörterbuch Französisch-Deutsch

A

à louer zu vermieten
Accès (aux quais) Zufahrt, Zugang (zu den Bahnsteigen)
adultes Erwachsene
aéroport Flughafen
ambulance Krankenwagen
A. P. E. (Assemblé Parlementaire Européenne) Europäisches Parlament
arrêt Haltestelle
arrivée Ankunft
arrondissement (arr.) Stadtbezirk in Paris
Attention! Achtung!
autoroute Autobahn

B

Baignade interdite! Baden verboten!
banque Bank
bibliothèque Bibliothek
bicyclette Fahrrad
Bienvenu! Willkommen!